主编：夏春锦 周音莹

记汪小集

苏北 著

汪曾祺是现代的
汪曾祺的文学地理
汪曾祺的二十九个细节
今天我们读汪曾祺读什么？
汪曾祺为何如此迷人
舌尖上的汪曾祺

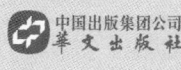
中国出版集团公司
华文出版社

图书在版编目（CIP）数据

记汪小集 ／ 苏北著． —— 北京：华文出版社，2022.9
（知新文丛 ／ 夏春锦，周音莹主编）
ISBN 978-7-5075-5656-8

Ⅰ．①记… Ⅱ．①苏… Ⅲ．①汪曾祺（1920-1997）－人物研究 Ⅳ．①K825.6

中国版本图书馆CIP数据核字（2022）第129940号

记汪小集

著　　者：	苏　北
责任编辑：	胡慧华　寇　宁
出版发行：	华文出版社
地　　址：	北京市西城区广外大街305号8区2号楼
邮政编码：	100055
网　　址：	http://www.hwcbs.cn
投稿信箱：	hwcbs@126.com
电　　话：	总编室 010-58336239　　责任编辑 010-58336195
	发行部 010-58336267
经　　销：	新华书店
印　　刷：	三河市龙大印装有限公司
开　　本：	880mm×1230mm　1/32
印　　张：	7.75
字　　数：	145千字
版　　次：	2022年9月第1版
印　　次：	2022年9月第1次印刷
标准书号：	ISBN 978-7-5075-5656-8
定　　价：	58.00元

版权所有　侵权必究

自　序

阅读和研究汪曾祺数十年，写了一些文章，稍有影响，因此有了"天下第一汪迷"之戏称。我知道这是当不得真的。然此言确也道出我这半辈子大致之行状。几年前，与大同王祥夫兄聚，此兄酒量极大，可谓豪饮。酒后延一画家朋友处写字画画。祥夫兄名为小说家，其书画俱佳。遂研墨伸纸，祥夫兄借着半瓶五粮液的酒劲，画鱼，画鸟，画芭蕉，完了忽想起我来："你要个什么？"我脱口说，随便给写个什么吧。祥夫稍着凝神，便在宣纸上笔走龙蛇，随即"慕汪堂"三个大字便呈于眼前，我心中一阵欢喜，噫！喜欢并阅读汪先生这么多年，从来没有想过给自己一个命名。此"慕汪堂"不是正可以作为我的书房之斋名吗？从今而后，或作一些小文，皆于文后赘一附记：某年某月写于慕汪堂云云。

又过了一些时日，高邮宋佳林君见我偶尔写写字，落款多为"慕汪堂主苏北"，便好心为我治了一枚引首章：慕汪堂。我非常喜欢。至此写字，更是钤上此印，仿佛确有其事，真有一个"堂"在那儿似的。近时我的发小丁加鸣兄让我到他府上去玩。加鸣兄是闹市中的隐士,字写得极好,但从不声张,书也读得好,然全为消遣。他见我即开门见山:你那个"慕汪堂"不如叫作"慕汪斋"更确切些。徽州古村落中的"追慕堂""乐叙堂""承志堂",湘西黄永玉的"万荷堂",人家是真有其"堂"的,你"堂"何处?更何况"堂"又太大,不见得精致,不如弄个小小的"斋",来得更为平实易行,你说妥否?

丁兄的一句话,点醒了梦中人,我正在"堂""斋"之间犹豫不决。此言诚矣!这个斋名就这样好了:慕汪斋,很好!

写作半生,近六旬忽得此斋名,也甚幸也。世上的事,也是蹊跷的,冥思苦想未必能逢,得来却是不费功夫。或从另一方面来说,新生的事物总是让人感到不适的,可是过一过,也就适应了。我之"慕汪斋",也会是这么一个产物。先是有些别扭,刺眼。然过一过,经岁月洗涤洗涤,也就习惯了,甚至会觉得本该如此。正如鲁迅先生的一句名言:世上本没有路,走的人多了,也便成了路。

若干年后,也许会有两个作家对话。一个说:"有个叫苏北的作家,他的书房就叫作'慕汪斋'。"另一个说:"真不知道,苏北何人?他也是一个作家吗?"

为使这番对话更加有迹可循,我进一步将之作为我的一本书名。因为从某种意义上说,书是要比人走得更远的。也许这个世上仅存一本,但它也是一个真实的存在。

因此,我的这本写于慕汪斋的小书,就名之为《慕汪斋集》,或者叫作《记汪小集》,亦可。

是为序。

2021 年 6 月 19 日

目 录

辑一 汪曾祺是现代的

致汪曾祺先生的一封信 　　　　　　　　　　　　　　002

一个永远无从毕业的学生
　　——写在汪曾祺先生逝世二十周年之际　　　　　012

汪曾祺是现代的　　　　　　　　　　　　　　　　　024

在诗性与民间性之间
　　——对汪曾祺的一点新认识　　　　　　　　　　043

汪曾祺的文学地理　　　　　　　　　　　　　　　　062

"她的全身，都散发着一种青春气息"
　　——重读《受戒》　　　　　　　　　　　　　　067

"我是一个比较荒诞的作家"
　　——写在汪曾祺先生一百周年诞辰之际　　　　　075

辑二　汪曾祺的书房

汪曾祺的二十九个细节	090
汪曾祺的书房及其他	110
汪曾祺的三所大学	124
汪曾祺的签名本	131
今天我们读汪曾祺读什么？	137

辑三　舌尖上的汪曾祺

汪曾祺为何如此迷人	154
舌尖上的汪曾祺	168
高邮有家"汪味馆"	191
汪迷客栈	195
高邮吃蟹	198
高邮大包子	203

辑四　梦见汪曾祺先生

浪游数得路千程
　　——《汪曾祺别集〈旅途杂记〉》编后记　　208

一套洁净明白的书
　　——在《汪曾祺别集》首发式上的发言　　213

汪曾祺为我们改书名	217
梦见汪曾祺先生	220
三个小汪迷	223
一册汪曾祺故乡的文学图谱	
——序姚维儒《琐忆汪老》	226
后记	231

—— 辑一 汪曾祺是现代的

致汪曾祺先生的一封信

尊敬的汪先生：

今年是您一百周年诞辰，刚刚过去的这个正月，又是您的生日，可那时武汉疫情闹得正凶，原计划的关于您的许多活动，全部取消了。可即使这样，也有许多文友，为了纪念您，还是在网上开展了许多活动，有访谈，有专栏，也有网站制作了您的视频。您生日的那一天，您几乎在网上"刷屏"了。许多人记得您，许多人喜欢您。您的书，现在可以说，各大小书店都有了，可以这样说，凡是卖书的地方，再小的书店，也会找出一本您的书的。那些有名的大书店，更不用说了，将您的书做成专柜，做成专题，并且开展讲座或者阅读活动。您去世二十三年来，可以说，您的书的出版，就没有中断过。记得您在世时曾说过，一个人不被人理解未免寂寞，一个人太被人了解，又十分可怕。（大意）您的意思我明白，人还是不需要太出名了，有一点理解自己、喜欢自己的读者就够了。您不是说过吗，一个日本作家到中国来访问，一个中国作家说，我的书印得太少了,才几千册,不好意思。那个日本作家大惊:印这么多?我的书才印几百册。

可是现在,您的书成了许多读者的"香饽饽"。在文学界,更不用说了,都以喜欢您或者曾与您有过交往而骄傲:那个时候……或者我与汪先生……大有当年"我的朋友胡适之"之意思。我知道,您其实是不想把书出得这么多,也不希望这么有影响。您不是说过嘛:"我悄悄地写,你悄悄地读。"我知道您这是实话。您写的许多文字,当年我们不太明白的,或者不太理解的,后来我们在阅读您的过程中,都慢慢理解了、明白了,发现都是真诚的、实在的话。您曾说过"出家人不打诳语",您的写作是真诚的,您说过的话也是真诚的。

可是,没有办法。您现在所拥有的读者,所产生的影响力,虽然不是您所希望的,但是现实就是如此,谁也没办法改变。您即使活过来,您也无可奈何。您只会大吃一惊:怎么会这样?

您去世这二十多年,我写过关于您的一些印象,后又写了一些阅读记。有些读者喜欢,我受到了鼓励,又写了一些,朋友建议可以出一本书。后来出了,叫《忆·读汪曾祺》,还有了些影响,许多喜欢您的读者也喜欢这本书。我知道不是我写得多么好,而是读者喜欢您。"爱屋及乌",使我的这本小书沾了光。记得这本书在北京研讨时,正是您去世十五周年的日子,许多您生前的朋友都去了。大家谈起您,总有说不完的话,个个眉飞色舞,抢着发言,会议从上午九点开到下午一点，还意犹未尽。结果会议主题全跑了调，没有研讨我这本书，反都在回忆您的趣闻逸事，一个个都有一肚子的故事，生生把个研讨会开成了关于您的茶话会。

1987年在家中

记得当时有几个笑话，我印象特深。聂震宁先生说，您的那本《汪曾祺自选集》出来后，他们到北京给您送书，您见到书，对封面不满意，书的封面是紫色的，书名是蓝的。您说"蓝配紫，臭狗屎"。聂震宁笑说："臭狗屎就臭狗屎，书反正是好书。"潘凯雄说，都说汪老爷子随和，平易近人。其实他的话并不多。初次与他相处，还会有点紧张。凯雄兄的话，忽然让我明白，是的是的，汪先生的话并不多。记得那时到蒲黄榆或者您后来的住处福州会馆，您并不多说话，而是有时冷不丁冒出一句。您说话是思索的,不是呱呱啦啦地说一大堆,除非是您酒后说兴奋起来的时候。平时您的话不但不多,而且是很少。您有时忽然说出一些警句,冷不丁地。秃头秃脑的,人要是不注意,还一时半会儿悟不过来。记得王巨才写过您,说有一次在北京梅地亚宾馆开会,您中途出来抽烟,王先生那时刚从西安调北京工作,见到您挺崇敬,上前毕恭毕敬请教您,您根本不予理睬,忽然嘴里冒出一句"八斗"。王没听明白,又问了一遍,您又说"八斗"。这时他才反应过来。他名王巨才,"巨大的才华",汪先生用反切法,说是才高八斗,简称"八斗"。王先生当时初入京,听您此言还挺尴尬。多年后才知道,这正是先生您的风格。何镇邦先生说,那时他在鲁迅文学院,经常会因为请您上课,或者带学生去您府上拜访,走动较多。有一阵子别人老把打给汪曾祺的电话,打到何镇邦家。何老师疑惑,打电话到您府上问是何故,原来是您错把何老师家的电话当成自己家的电话给了别人。何镇邦抱怨:怎么能这样?您还挺有理:"我又不给自己打电话,我怎么能记得我家电话!"弄得何镇邦哭笑不得。那天关于您的这些笑话,抖了无数,要编辑起来,真可以出一本《汪曾祺谐趣集》,所以那天孙郁老师发言,则是一个说您的广博(其实您肯定不承认您是广博的,顶多说自己勉强是个杂家,喜欢读杂书。您的坐标是您的那些先生:闻一多、朱自清、陈梦家、沈从文,但对于后来的人,他们与您比,您已经算是广博的了),一个即是说您的趣。您去世二十多年来,真正比较了解您的,对您研究比较深的，当为学者孙郁。他不仅写有《革命时代的士大夫：汪曾祺闲录》，还在许多场合，对您在当代文学的地位给予极高的评价。孙老师经常说：当代文学如果缺少汪曾祺，那将大为失色。每次见到孙老师，都要很长久地谈起您，会谈得十分热烈和高兴。有一次在孙老师家，他闲聊中竟脱口说：汪先生给他时间晚了（他的意思是您晚年才有机会集中精力写作），如果不是六十岁后才写，他就是当代苏东坡呀！孙老师的这番话，吓我一跳。苏东坡一千年才出一个，苏东坡可是能乱比的？但孙老师的意思我明白。他的意思是说您实在是有才华的，可惜浪费了太多。我后来经常说，一个了不起的作家，要有两个条件。一个是才华（受到过完整的好的教育）；另一个是天性，要有天生的灵性。在这两点上，不是所有的作家都有的。不仅仅不都是有，而且能拥有的人太少太少，所以才说是一千年出一个。汪先生您当属两点都有的。当然，一个作家的产生，还有其他许多因素，比如机遇啦，人生境遇啦……但不管怎么说，才华和灵性，是最重要的两条。也是一个天才作家（假如有天才作家的话）的根本。

这都是由那个研讨会生出来的闲话。说起来又啰唆不完，还是不说也罢。

不过，这二十多年，真正喜欢您的读者，还是做了不少的工作。有人编了您的年谱长编，有足足四十万字，足够一本厚厚的《汪曾祺传》了。不过，《汪曾祺传》至今还没人写（我曾开玩笑说过，还没有人能承担得起《汪曾祺传》的写作）。

80 年代末期

您的"全集",在北师大版之后的若干年,人民文学出版社又出版了新版《汪曾祺全集》,值得说道的是,新版全集收了您20世纪40年代的不少逸文。您原来说过,年轻时写的东西大多散失。看,万能的读者还是厉害吧,又给您找出来了,还挖出您的好些笔名,如:汪若园、朗画廊、西门鱼(哈,您也有笔名,民国时好像作家爱起笔名似的,像冯文炳,起了个笔名叫废名,把名字都给废了)。有人将您的书分块去编,比如,谈吃的,谈草木花鸟的,谈戏剧的,谈师友的,等等。连黄裳先生在世时都说:"喜欢这种编法,把曾祺切碎零卖了,好在曾祺厚实,也经得起。"有人也给您编了别集,有足足二十本,开本很小,每本都薄薄的,是您喜欢的那种编法。这也是受了您的启发,您在世时,有人要编您的老师沈从文的书,您建议用"沈从文别集"这个书名。看,您走了后,也有喜欢您的编者,给您编"别集"了,用的也是这么一个编法。

噢,还有,您的家乡高邮,也十分重视打您的"牌"呢,您去世不久,他们就成立了汪曾祺研究会,家乡给您建了汪曾祺文学馆,放在著名的"高邮十景"的文游台内,和您喜欢的秦少游放在了一起。您家的祖屋的那两间老房子,也挂起了"汪曾祺故居"的牌子。每年都有很多喜欢您的读者慕名前往,您的妹婿金家渝先生竟当起了汪曾祺故居的"业余馆长",负责来人接待、讲解,对远道而来的,还免不了偶然留饭款待。他的晚年生活,竟以介绍和宣传您为主要内容。这是他的一个意外,而他还乐此不疲。全国许多地方的读者到您故居来过,新疆的,内蒙古的,北京的,上海的……甚至港澳台的。您在世时的朋友中许多人也来过,像邵燕祥先生也来过。比您年轻的,铁凝、王安忆、贾平凹等,都来过。告诉您吧,那天铁凝来,看了您那么局促的故居,想起过往的岁月,还悄悄抹了眼泪,您要是知道,一定会笑话了:"这,这这,这有什么好抹眼泪的。"之后抹着鼻子,表示羞的意思,再伴以哈哈大笑。

本来今年如果不是武汉疫情,高邮是要举行您的百年纪念的(中国作协和北京大学还有一个高规格的研讨会),这是高邮相当重视的一个系列活动。毕竟诞辰百年,也是一个百年不遇的机遇。他们在您的故居边上,新建了一个崭新的汪曾祺纪念馆，规模比过去大多了，在馆内也可以开展一些研讨和研究活动。这些都因为疫情耽搁了下来。我想，您也许并不赞成建这么大的纪念馆，模仿您的口气说：担当不起。您并没有把自己看多高。您也从来不把自己当成鲁迅、茅盾这样的大家，您自己生前说过"我至多算一个名家"。可是，您人走了，做主的不是您，连您过去烧的一些家常菜，在高邮，也成了"汪曾祺菜单"，什么汪豆腐、塞馅回锅油条、汽锅鸡等等，都成了汪氏菜肴。那天我在您的纪念馆，他们还给您的菜专门列了一个菜系，布置了一墙。我数了数，好像有六七十个。高邮还建有餐馆"汪味馆"呢，专门打您的牌，烧"汪味"菜。这些事，估计您也不知道，也管不着。

不过，高邮还是高邮，运河的水还是日夜不息地在东大街向西不远的运河堤下流过。那些拖船、机帆船，还是日夜不息地"突突突"地从运河里驰过，上面载着木材、煤、沙石……运河的西边，就是高邮湖了。高邮湖还是那么浩浩渺渺，一眼

运河

望不到边。春夏秋冬，四季变化，早晨和黄昏，依然有日出日落，也还是正如您曾描述过的："黄昏了。湖上的蓝天渐渐变成浅黄，橘黄，又渐渐变成紫色。这种紫色使人深深感动。我永远忘不了这样的紫色的长天。"

高邮的人事，还是那些人事，人们吃喝，娱乐，生产，生活，都津津有味地活着。这也是您所希望的，您最喜欢这些"人间小儿女"了（近年有人用这个书名出您的书，您不介意吧），您最喜欢生之滋味了，您最喜欢这些平凡的普通人的喜怒哀乐了。用您自己的话说，是他们的"辛劳、笃实、轻甜、微苦"。

不过，这些年关于您也有一些不和谐的现象。比如，把您的研究无限拔高，好像您无所不知似的；也有为挣研究您的"头牌"，争风吃醋，为一些小事计较，弄出些没意思的事来；也有一些疯子、傻子说是喜欢您的作品，将您的像在家挂着，逢年过节烧香磕头；也有人说您的作品能治病，将他的忧郁症给治好了；也有的把您的书用上诸如《好好吃饭》《人生很短，做一个有趣的人》《今天应该快活》《人生不过一碗温暖红尘》《活着，就得有点滋味儿》，和上面说的《人间小儿女》等书名，估计您也不大喜欢，或者会很生气的吧。

哈哈，这些不过是些小插曲，顶不得真的。只能说明是有多少人喜欢您。您听了也一笑了之吧。——噢，又忘了告诉您，还有一件事，是您去世后，因为众多的读者喜欢您，竟无形中形成了一个汪迷群体（连邵燕祥先生都说他也是汪迷），产生了一个词语:"汪迷。"这可不是汪国真迷哦,汪明荃迷哦,而是实实在在的汪曾祺迷哦。都是真真实实喜欢您的哦,他们竟有人将我命名为"天下第一汪迷",说是"头号汪迷"。我自己可没这样说过(我也只是喜欢您,您去世后,二十年来不断写过一些文章,出过关于您的两本书),不过贴标签是大众喜欢的,我也没有办法。高邮为使汪迷们有个交流的场所,在网上专门开办了"汪迷部落"公众号(这个您又不知道了,对您可是新生事物哦),每天都在更新您的文章和关于您的文章。读者可热闹了,您要是见到,又要笑话了。

好了,一唠起来就没完。要说的话其实有好几篓子呢。毕竟您走了已经有二十三年了。碎碎的日子积下来的话也不少。说起来也没个头绪,不过也是想到哪儿说到哪儿吧。再热闹的倾谈也有散的时候,正如《红楼梦》第54回中王熙凤说的:"聋子放炮仗,散了吧。"

今天就聊到这儿吧。下次若还有机会,到时再接着聊也不迟。

2020 年 3 月 31 日,清明前五日

一个永远无从毕业的学生
——写在汪曾祺先生逝世二十周年之际

写下这个题目,我自己也有点怀疑,能这么说吗?你没有上过大学,更没念过硕士、博士,不可能有像汪先生与沈先生(从文)那样的师生之谊。你一个乡下孩子、土包子,怎么可能有汪曾祺这样的一位老师?

去年我曾就这个题目写了几段话,最终还是放下了。今年是汪先生去世整二十周年,文学界肯定会有些纪念活动的,我拿什么来纪念呢?

我还是把这个题目写下去。我为什么不能是汪先生的学生?我的老师怎么就不能是汪曾祺呢?他虽没有在大学教过我,也没能手把手地教会我文学创作。可是整整三十年,或者说是他去世后的整整二十年,我几乎天天都和他在一起,别人觉得他已去世了,而我觉得他并没死,他每天都和我在一起。他的书在我的床头,他的名字在我的口中。

有时,我也觉得无趣。在这个城市,有许多读书人早已把我和汪曾祺捆在了一起。朋友聚会,来一个生朋友。朋友会说,这是某某,研究汪曾祺的,或者说是汪曾祺的学生。我之前会反对,说不是不是。后来麻木了,也就含含糊糊,"不敢不敢"或者"惭愧惭愧"了之。还有就是极熟的朋友小聚,会有朋友给打"预防针":"苏北,今天不许谈汪曾祺,只喝酒。提汪先生名字一下,自罚一杯,如何?"

可见我已到了"无汪不谈"的程度了。

我为什么这么热爱汪曾祺呢?

这个就说来话长了。容我稍稍扯远一点。

我小的时候,并不热爱文学。九岁前在乡下,读的是复式班。三年级到县里,一直读到高中,除了爬墙上树,钓鱼游水,对读书毫无兴趣。高中二年级时才开始发奋学习,所学也是数理化。1979年高考,以几分之差落榜,原因是语文才考三十多分,于是复习再考,对语文就格外用功。用功的方法就是背诵课文,我不知从什么地方弄来一本《现代散文选》,上面有《小橘灯》《背影》《长江三日》《荔枝蜜》和《谁是最可爱的人》,后来我逐步知道这些作品后面有一个个伟大的名字,他们是:冰心、朱自清、刘白羽、杨朔、魏巍。我将这些文章大声背诵。从我家向西,穿过几条巷子,过一个越河(夏天长满荷花),就上到城墙埂上,我每天大早就在城墙上诵读这些文字,把这些优美的文字记在心里。有时城墙上有雾,我就在雾中大声读去,仿佛那声音不是我的,而是悬在不远处的半空中的什么东西。

至此，我竟然被文学迷住了！

到第二次高考又失败之后，我死心了，不再高考，只想写一本书给我的同学看看，我当作家去！写一本《艳阳天》，或者《红楼梦》（请允许一个少年这样乱想），让我的那些同学做梦去吧，目瞪口呆去吧。

先是读外国文学名著。那时正是世界名著重印的时候，我买了许多这样的书，比如《复活》《老古玩店》《巴黎圣母院》《红字》《约翰·克利斯朵夫》《绿衣亨利》《契诃夫小说选》《母与子》等，而后我一部一部阅读，虽然不好读，我也不太喜欢读，可是我暗下决心，既然是世界名著，肯定是经过许多牛人筛选的。它能流传下来并且被世人所认可，肯定有它的道理，否则难道全世界的人眼睛都瞎了？

后来，我转来读中国小说，先把《红楼梦》一气乱读，又读当代作家，在一次与文友到高邮湖（我们县在高邮湖边上）游玩时第一次听说汪曾祺的名字，回来我就找他的小说来读。一下子就喜欢上了汪曾祺，并成为终身的阅读。

1987年，我无意中得到了一本汪曾祺的小说集《晚饭花集》，喜欢得不得了。为了学习他的语言和写作方法，我把他的《晚饭花集》用大半年时间给抄在了四个大笔记本上。其实也就是单位发的大号的工作笔记本。我认认真真地一个字一个字地去抄。有心得了，就在边上用红笔进行批注。这时，我已在县里银行工作，所从事的工作就是查账，跟文学一点关系也没有。我办公室生锈的铁窗外面是一棵高大的泡桐树，春天一

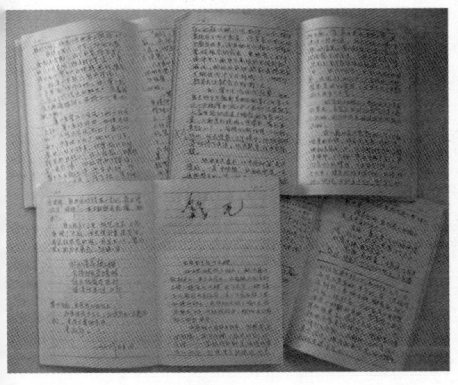

抄汪书一

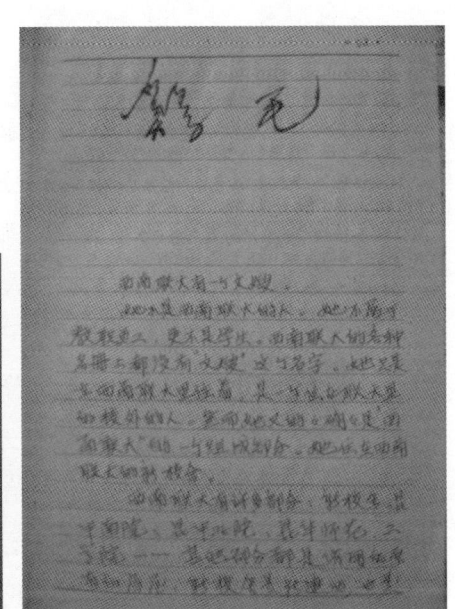

抄汪书二

抄汪书三

树紫色的大花,夏天一窗子的绿荫。我坐在窗下吭哧吭哧,兴趣盎然,抄到会心处,感到特别幸福,觉得自己同别人不一样。别人忙生活忙玩忙喝酒(那时喝酒成风),而我偷偷在忙别人看来是很幼稚的事情。别人背地里都说我怪怪的。我谈恋爱时,还有人私底下议论我脑子不好。可是我痴迷文学像痴迷花朵一样不能自拔。我痴迷汪曾祺到了癫狂的程度。

就这样,一个春天一个夏天,我把《晚饭花集》抄完了。后来,我不知道从哪儿得到的信息,知道汪先生在北京京剧院工作,我一激动,就把这四个笔记本给寄了过去。寄过去并没有得到回应。不过,不多久,我也把这事给忘了。

1988年秋天,我忽然心血来潮,决定到里下河地区去走访。带着这本《晚饭花集》,开始了我人生的第一次行走,实地勘察了苏北地区的风土人情。三天时间,走了江都县、高邮县、兴化市、宝应县、淮安市和洪泽县,记下了近万字的原始笔记。这一切都是因为一个人,汪曾祺。

1989年我得到到鲁迅文学院进修的机会,在那里我第一次见到汪曾祺先生。我清楚地记得那天的情景:我准备去洗衣服,正开门,一阵脚步声从楼梯口传来,紧跟着一行人就向我住的隔壁接待室走去。咦,这个老人怎么这么眼熟?——之前我已多次见到书中他的照片。他脸黝黑,背微微有些驼。他微笑着,走在最后。这个老人是谁?

汪曾祺先生!

一位熟人证实了我的感觉,我怦然心跳。再一打听,原来他是来参加鲁迅文学院和北师大联合举办的文学创作研究生班开班典礼的。

散会后,我站在大教室门口,汪先生一走出,我就把他引到隔壁我住的503房间里来了。汪先生坐下,我说我是天长的(我县与高邮县相邻),曾抄过他的小说,并寄给了他,不知可收了。汪先生哼哼哈哈,我还是不知道他收没收到,可是他接纳了我,没过几天我就是他家里的客人了。

汪先生在蒲黄榆的那个家,小极了。可是当时我感觉不到,我认为一个人在北京能有一张床就可以了。汪先生和师母施松卿对我非常好,我在那里吃了午饭(好像很简单的饭菜)。汪先生给了我一幅画,是一枝墨竹。画面上首,竹叶稀疏,叶片倒向一方,仿佛有风而过,瑟瑟有声。下首竹枝栖一小鸟。鸟墨色,回头后望,小眼有情。整个画面极清淡。未题款,只钤一印。

7月的时候,我们学习快结束了,就要离开北京了。我又去了一次。那天小雨,汪先生赠我一本《蒲桥集》,并留我吃了中午饭。

我回到县里,我们几个喜欢汪先生小说的,想出一本小说合集,他们建议由我请汪先生给写个序。于是我写信给汪先生,不久汪先生来信,同意给我们写序;又不久,洋洋洒洒的二千字的序言给我们寄来了。

1993年,我又偶然获得一个机会,借调到北京工作,在一家报社当记者。这一来,我与汪曾祺先生接触的机会又多了起来。

我去过汪先生家多少回？又说过多少话？记录得很少，更没有录音。去多了、去长了，有时感觉自己像是他们家里的一个孩子，每次进门，首先一句：最近身体好吗？汪先生摸摸索索，去泡茶，去拿书。师母身体好的时候，都是师母提醒，老汪，刚出的书，给他拿一本！

汪先生从来没当面在创作上指导过我们。我去他家，聊天，吃饭，要书，但对于创作，他从来没有说过。我们聊到西南联大，聊到吴宓，汪先生说，吴宓那个胡子，长得真快。他刚刚刮完左边的胡子，去刮右边；右边还没刮完，左边又长了起来。说完，汪先生抿嘴而笑，嘎嘎的声音。想必非常快乐！汪先生对我们说到赵树理，说赵树理是个天才，有农民式的幽默感。汪先生说起一件事，说他们有个旧同事，天生风流，他借了赵树理的皮大衣穿，竟然与一个女人将大衣垫在身下，将大衣弄得腌臜不堪。赵树理回太原工作，那个人也来送行，赵树理趴下来，给那人磕了个头，说，我终于不同你一起共事了！汪先生说完，又是大笑。

倒是有一回，我拿了一个小说稿《小林》，想请先生看看。汪先生说，可以，先放这儿，我看看再说。之后吃饭喝酒，一番热气腾腾。汪先生酒后微醺，眯盹着眼，坐了一会儿。我们起身要走，汪先生站起来，转了一圈，说，稿子呢？这个不能丢了。之后收起稿子，一转身，抱拳，进隔壁一个小房间去了。

几天后，我又急不可耐地去了先生家。去时我心下忐忑，进门坐下，也不说稿子之事。大家东扯西拉，说说笑话，仍是留饭。饭后我终于是憋不住，问，稿子看了吗？汪先生不说话，师母扯他的衣角，过一会儿，汪先生说，《小林》写得什么，要体现什么，都说不清楚？之后就批评：不自信，手太懒；说，沈先生刚到北京，连标点符号都不会用，硬是靠一支笔，打下一个天下；说老舍先生每天写500字，有得写没得写，500字！你们这么年青，手这么懒，一年中不写几个字，怎么行！说得汪师母扯坏了汪先生的衣角。

从此之后，再不给汪先生稿子看了。——就在前几天，

与苏北 摄于1995年

记汪小等

为纪念汪先生去世二十周年，汪朗在汪先生的旧居收拾东西，竟然还翻出了那篇小说稿子。二十多年了，这篇我的旧小说还在汪先生的书房里！

1997年5月16日，汪先生突然去世，我还在湘西出差。朋友龙冬打电话给我，告诉我汪先生去世了，我一时反应不过来。可是放下电话，我真的非常难受。一如自己失去了亲人。因为我5月11日还到了他家，他一切都好，还说要到环太湖转一圈，参加一个什么女作家笔会。汪先生说：组织者一定要他参加，说那些小丫头片子想见见他。汪先生说完，哈哈大笑："一个老头子，有什么可看的！"我看到了汪先生内心的快乐。可就这么几天……

我赶回北京，参加了汪先生的追悼会。我又见到了他。一个我眼中活生生的人，就那么静静地躺在了那里。他再也不说话了。他那支妙笔再也拿不起来了。他就那么静静地睡在那里，面如生人。

汪先生去世后，没过多久，我离开了北京，回到了家乡的省会工作。

汪先生去世了。我才开始再重新翻读汪先生的作品，写了一点回忆性的文章。这时候，我才发现，我们并不能理解汪曾祺。我们对他了解得太少太少了。于是，我开始静下心来看他这个人，读他的书。当然，除了我，还有很多人在研究他，在读他的书。出版社也开始重新出版他的作品。他在世时，作品印得并不多。去世后，作品反印得多了，多家出版社重印他的小说、散文。许多人开始怀念他，写了大量的文章，这才使我对汪先生有了更深入的了解。可以说，汪先生去世二十年，是被人们谈论了二十年。

这谈论者当中，我也是一个。

孙郁先生曾为我的小书《一汪情深》写过一个书评，他说，汪曾祺去世后，作家中谈论汪先生最多的是苏北。我知道，我当然不是写汪曾祺最多的人。孙郁先生的意思我明白，就是我是个坚持不懈谈论的人。

这倒是真的。汪先生去世二十年，我几乎每年都会有些文章在报刊上发表，而且多为大家能见得到的报刊，所以容易给人造成我谈论得多的印象。

或者，假如说我在研究汪曾祺上还有一点点成绩的话，那就是得益于坚持。几十年如一日的坚持。当然，这种坚持是一种愉快的坚持，是一种乐在其中的坚持。

我只是一个坚持不懈地谈论汪曾祺的人。

汪先生去世二十年，也是我成长的二十年，也是我追忆的二十年，更是我学习他、理解他的二十年。关于这些在我的《忆·读汪曾祺》和《汪曾祺闲话》两本书里都能找到，或者说，这两本书作为我从一个文学爱好者到"汪迷"到一个不合格的"学生"（自我感觉）到所谓汪曾祺的研究者的过程的见证。

那么，我是如何理解我这么多年的追求的呢？

我原来基础很差，在上面我已说过。我从一个文学青年而成为一个作家（不入流的），从另一个方面证明文学是可以教、可以学的。我因为业余写作，所读不多，所写也少，但就我这许多年掌握的仅有一点写作技巧及对生活的态度，观察生活的方式，审美系统的建立，人生观、价值观等等，绝对一些说，大部分是从汪先生或者说他的老师沈从文先生身上学习来的。

那么，这些年来，汪先生究竟给了我些什么呢？我认真地想了一想，大约有这么明显的三个方面：

一、我能写一点东西，纯粹是汪先生阳光的照耀。近三十年来，我大约写了有100多万字的小说、散文。是汪先生的文字，给我打开了一扇大门，使我走进去，看到了许多心仪的人物，包括沈先生、归有光等等。有一年，我出了一本散文集，在安徽的绩溪搞了个小型研讨会。上海几所大学的教授，他们说我是低姿态写作，文字不事张扬，有一种"随物赋形"的感觉，他们提出了一个"通道说"，说汪曾祺是个"通道"，通过"汪曾祺这个通道"，我的散文承接了中国传统散文的脉络。这种见解非常新鲜别致。我虽不敢接受，也不能承受，但说汪先生是个"通道"，我同意！我们通过汪先生这扇门，看到了许多中国传统的，有时是无以言说的东西。

二、他的作品影响了我的人生观、世界观、价值观和生活趣味。读书不仅仅是学习写作，他同时潜移默化，也改变着我们本人，改变着我们对事物的看法。我算是比较典型的，我上面说过，我一个顽童，今天能写一点文字，如果不是汪先生，我今天不知道干什么工作？我的人也不是今天这个样子。汪先生自己说过："一个真正能欣赏齐白石和柴可夫斯基的青年，不大会成为一个打砸抢分子。"我读汪先生读久了，我的生活态度、审美情趣，也在潜移默化地改变。我想通过这个事例，也同样可以说明文学的功用，文学是干什么的。

三、使我体会到一个人对一件事情入迷，是一件多么幸福的事。这些年来，我沉浸在汪先生的文字里，乐此不疲。这使我体会到，一个人对一件事物入迷是一件多么幸福的事情。这种快乐是不可与人道的。汪先生去世的这些年，我去过他的墓上好几次，每次都是由汪朗兄陪着。我们家人有时笑我：你真是个呆子！其实，呆子很快乐。我也影响了家人和朋友，通过我，他们对汪先生也有所心仪。我将写的有关汪先生的书给我女儿看：看看！爸爸写的！我的女儿说：这是应该的，谁叫你是他的徒弟！一句话，说得我心里像灌了蜜。

我这辈子大概是不会离开汪先生了。他的文字对我是一种生命的滋养。在这汪先生逝世二十周年之际，写上这些，算是一个不合格的、永远无从毕业的学生，对先生的一份怀念。

2017 年 4 月 15 日晚

汪曾祺是现代的

一

汪曾祺是现代的。我不是说他是现代派什么的。我是说他是现代的。——他的思想、情感、表达方式——都是现代的。

汪曾祺不是士大夫。"中国最后一位士大夫"的帽子要从他头上去掉。如果汪曾祺在世（这个"帽子"是他去世后流行起来的），估计他也不会要这顶"帽子"。我过去也人云亦云地引用过这句话，但心中总是存一点点疑惑。

岁末年初，在北京参加由人民文学出版社主办的《汪曾祺全集》首发式，著名学者孙郁先生的一番话，让我深受启发。他说，鲁迅之后，一个作家的作品可以反复阅读的并不多，有的作家只有一部两部或者一篇两篇能反复读，但是汪先生几乎所有文字都可以反复阅读，所以我个人心目当中觉得《鲁迅全集》之后最有分量的是《汪曾祺全集》。孙先生还有一段精彩的描述：汪曾祺是从沈从文来的，但是汪曾祺更朗然，更大气，又很自信。他在世俗社会中发现美，而且又超越世俗。在没有意思的地方发现意味。他创造一种美，他使我们感觉到生活如此美好，面对黑暗，他用一种美的东西去克服黑暗，他是不可复制的伟大作家，真正是我们民族的财富。

这真是见道之言。是的，汪曾祺是朗然的。他的身上完全没有一点迂腐的气息。他的人和文都非常阳光、透亮。这其实也道出了汪曾祺去世二十年，为什么读者还如此喜爱他，以至产生一大批"汪迷"和"汪粉"的重要原因。

回来翻看《汪曾祺全集》，在"杂著"卷中，有一篇访谈的开头几句话十分重要。这个访谈时间是1995年，由其家乡高邮电视台专门赴京做的。这个视频资料现在看来真是弥足珍贵的。在这个访谈中提到汪曾祺小说的写法是"风俗画"的方式。汪曾祺在这个访谈中透露，最早提出他小说的方法是风俗画的是老作家严文井。严文井说："你这种写法是风俗画的写法，这种写法很难。因为几乎全都是白描。"

这句话非常重要："全都是白描。"白描的写法难吗？

当然难。就像画画。八大山人的画最难画。它是最简单的，又是最难的；徐渭、齐白石的画最难画，那么几笔，枯藤下来，枯荷下来，绝不简单。

首发式结束回来，坐在车上前排的汪先生大女儿汪明，忽然模仿汪老头的口吻，来了一句：

"他们说得真好啊！"

大家都笑了。汪明的这一番幽默,真是恰到好处。因为在首发式上,不止一个嘉宾提及:如果汪先生在天有灵,对这套全集的出版,也会感到欣慰的。

这句话典出汪曾祺的散文《名优逸事》,在这一组散文中,汪先生写到京剧表演艺术家郝寿臣在担任北京戏校校长期间,一次讲话,念由秘书代拟的稿子,念到高兴处,忽然一指稿子说:"同学们啊,他说得真对呀!"

到饭店坐下吃饭,大家说汪曾祺去世这二十年,出了多少书?都无法统计。他在世时,有时酒后狂言:"你们可得对我好点,我将来可是要进文学史的。"(这当然是戏言),可是他的三个子女,要么都不搭理他,要么就齐声说:"老头?就你?别臭美了吧?"

我就着大家的话,说,老头走后出了有一二百本书吧?现在发现老头的价值了吧?

汪先生小女儿汪朝笑着接话:"是的。是发现了——发现了他的经济价值。"

大家又是大笑。

二

喜欢汪曾祺的读者都知道,汪曾祺就读于西南联大。在《汪曾祺自选集》(漓江出版社,1987年10月版)的自序中,他曾说"我不排斥现代主义"。他说:我不大同意"乡土文学"的提法。我不认为我写的是乡土文学。有些同志所主张的乡土文学,他们心目中的对立面实际上是现代主义,我不排斥现代主义。

其实,他是受到过现代主义的影响的。在何兆武的《上学记》中,有这样的描述:"他和我同级,年级差不多,都十八九岁,只能算小青年,可那时候他头发留得很长,穿一件破的蓝布长衫。"

这个"学生"其实就是汪曾祺。

汪曾祺早年写诗。他自己文章中说过:

因为爱写诗,他在学校还小有名气。一次,在路上听见两个女生聊天,一个问:"谁是汪曾祺?"另一个回答:"就是写那种别人不懂,他自己也不懂的诗的人。"

那些诗后来被研究者发现,当然都是在汪先生去世后的事了。有一本汪曾祺诗选集,书名叫《自画像》(辽宁人民出版社,2017年6月版)。这也是汪曾祺唯一的一本诗集,收录了一部分汪曾祺写于西南联大的诗。现在来看,其中的一些诗,仍然给你一种新潮的感觉,比如《有血的床单》《自画像》等。在《有血的床单》中,他写道:

> 年青人有年老人
> 卡在网孔上的咳嗽,
> 如鱼,跃起,又落到
> 印花布上看淡了的

油污。磁质的月光
摇落窗外盛开的
玫瑰深黑的瓣子，你的心
是空了旅客的海船。

　　这完全是一种不知所以然的感觉。大约是一种青春的、落寞的情绪表达吧。

　　他在《自报家门》一文中说，我读的是中国文学系，但是大部分时间是看翻译小说。当时在联大比较时髦的是A.纪德，后来是萨特。我二十岁开始发表作品。外国作家我受影响较大的是契诃夫，还有一个西班牙作家阿索林。我很喜欢阿索林，他的小说像是覆盖着阴影的小溪，安安静静的，同时又是活泼的、流动的。我读了一些弗·沃尔夫的作品，读了普鲁斯特小说的片断。我的小说有一个时期明显地受了意识流方法的影响，如《小学校的钟声》《复仇》等。

　　汪曾祺在《汪曾祺自选集》重印后记中说："我觉得我还是个挺可爱的人，因为我比较真诚。"

　　上面的夫子自道，是实话。他确实是一个比较诚实的人。

三

　　汪曾祺为什么改写《聊斋》？过去我一直不太明白。原来他是要赋予《聊斋》以现代意义。

蒲松龄当然了不起,但他由于时代的局限,在他写下的这些志怪故事中,虽然故事奇异,描写生动,但其价值观,是肯定难以逾越他所处的时代的。也就是说,是缺少现代精神的。汪曾祺的改写或者重写,其目的就是赋予它一个新鲜的血液,使其更具现代意义。比如《快捕张三》,在《聊斋志异》中,仅在后附的"异史氏曰"的议论中,也只是三言两语,与上文也毫无关系。故事是一个叫张三的捕快,因常在外办差,又贪酒,新婚的妻子被一个油头光棍勾搭上了,一来二去,被张三发现,张三于是逼媳妇去死。媳妇说,那我得打扮打扮,穿上娘家的绣花裙袄。于是,媳妇到里屋去收拾,张三在外间喝酒。"收拾"了好半天,媳妇出来了,张三单见媳妇"眼如秋水,面若桃花,眼泪汪汪的",媳妇向他拜了三拜就准备去上吊自尽,这时张三把最后一口酒饮尽,酒杯往地上"叭"的一摜,说:且慢!回来!嗐!一顶绿帽子就当真能把人压死了!至此,夫妇恩爱,琴瑟和谐,过了一辈子。

汪先生改写的目的,主要在此。他看重张三的"顿悟",欣赏张三的态度。中国这个社会,直到今天,对女性,不同样是较为"苛刻"吗?

而《瑞云》呢?

瑞云是杭州的一个妓女。十四岁了,"妈妈"叫她接客,瑞云说,钱妈妈定,人我选。结果求见的王孙公子不断,而瑞

云却看上了一个穷书生贺生。这当然不行。可这日,来了一个秀才,坐了片刻,用手在瑞云额上一指,口中念道:可惜了,可惜了。结果瑞云脸上就有了一块黑斑,而且越来越大。瑞云破了相,被赶下楼做了粗使的丫头。贺生得知,卖了田产,赎了瑞云的身,娶回了家。小两口过得恩恩爱爱。忽一日贺生巧遇秀才,说起这事,秀才说,瑞云脸上的黑斑是他所为,贺生求秀才施法,恢复瑞云的原貌,秀才同意,只端来一盆清水,用中指在水中写写画画,瑞云掬水洗面,黑斑立刻没有了,瑞云又美貌如初。

本来《聊斋》原文故事到此就结束了。而汪曾祺改写的关键就在结尾:

> 这天晚上,瑞云高烧红烛,剔亮银灯。
> 贺生不像瑞云一样欢喜,明晃晃的灯烛,粉扑扑的嫩脸,他觉得不惯,他若有所失。
> 瑞云觉得他的爱抚不像平日那样温存,那样真挚,她坐起来,轻轻地问:
> "你怎么了?"

贺生怎么了?

这才是本文的关键:贺生原来仅有的一点心理优势没有了。他有一种本能的对美的恐惧。现代心理学将如何解释这种现象呢?

汪先生非常重视他的《聊斋》改写工作，1987年9月，他受邀到美国参加爱荷华国际写作中心活动，只有短短的三个月时间，在行李中，他还带了一本《聊斋志异》。他写信给夫人施松卿说："还有一个月，我可以写一点东西。继续改写《聊斋》。我带的《聊斋》是选本，可改的没有了。聂（华苓）那里估计有全本，我想能再有几篇可改的。"

他在美国先后改写了三篇《聊斋志异》，包括《黄英》《促织》和《石清虚》。他给夫人的信中，对自己改写《聊斋志异》颇有信心："我写完了《蛐蛐》，今天开始写《石清虚》。这是一篇很有哲理性的小说。估计后天可以写完。我觉得改写《聊斋》是一件很有意义的工作，这给中国当代创作开辟了一

1995年初住院期间 速泰熙摄

个天地。"

他以"开辟"一个"天地"来概括他改写《聊斋》的意义。可见他对这项"工作"是多么的重视。

汪先生在《七十书怀》中说:"我希望再出一本散文集,一本小说集,把《聊斋新义》写完,如有可能,把酝酿已久的长篇历史小说《汉武帝》写出来。这样,就差不多了。"可是这两项工作,他都没有能够完成,就撒手离世了。

汪曾祺从1987年改写《聊斋志异》,陆陆续续写了四年,才写了《瑞云》《双灯》《画壁》《陆判》等十来篇,也只几万字——有的一篇才一千多字,多的一篇也不过三四千字(你知道他是一个惜墨如金的作家)——不够出一本书的。可惜了。

如果汪先生能多活几年,手头再抓紧些,改出个几十篇来,出一本《聊斋新义》(改写时他的篇名副题就叫这个名字)——当然这是我的想当然了。——那将是一本非常有意思的书。

四

现在从早期作品的角度,来说说汪曾祺的现代性。把汪先生的早期作品《艺术家》《牙疼》《日记抄——花·果子·旅行》《理发师》《落魄》《小学校的钟声》《庙与僧》,放在一起去读,是件很有趣的事。这些文字都完成于1947、1948

年,那个时候汪先生才二十七八岁。那是怎样的一个汪曾祺啊。

汪先生在《艺术家》的结尾写道:

> 露水在远处的草上濛濛的白,近处的晶莹透澈,空气鲜嫩,发香,好时间,无一点宿气,未遭败坏的时间,不显陈旧的时间。我一直坐在这里,坐在小楼的窗前。树林,小河,蔷薇色的云朵,路上行人轻捷的脚步……一切很美,很美。

汪先生晚年经常说,我在二十多岁时的确有意识地运用了意识流,我的小说《复仇》《小学校的钟声》,都可以看出明显的意识流痕迹。

《日记抄——花·果子·旅行》:

> 我想有一个瓶,一个土陶蛋青色厚釉小坛子。
>
> 木香附萼的瓣子有一点青色。木香野,不宜插瓶,我今天更觉得,然而我怕也要插一回,知其不可而为,这里没有别的花。
>
> (山上野生牛月菊只有铜钱大,出奇的瘦脊,不会有人插到草帽上去的。而直到今天我才看见一棵勿忘侬草是真正蓝的,可是只有那么一棵。矢车菊和一种黄色菊科花都如吃杂粮长大的脏孩子,要经过很大的努力与克制才能喜

欢它。)

　　过王家桥，桥头花如雪，在一片墨绿色上。我忽然很难过，不喜欢。我要颜色，这跟我旺盛的食欲是同源的。

　　我要水果。水果！梨，苹果，我不怀念你们。黄熟的香蕉，紫赤的杨梅，蒲桃，呵蒲桃，最好是蒲桃，新摘的，雨后，白亮的磁盘。黄果和橘子，都干瘪了，我只记得皮里的辛味。

　　精美的食物本身就是欲望。浓厚的酒，深沉的颜色。我要用重重的杯子喝。沉醉是一点也不粗暴的，沉醉极其自然。

　　我渴望更丰腴的东西，香的，甜的，肉感的。

　　纪德的书总是那么多骨。我忘不了他的像。

　　《葛莱齐拉》里有些青的果子，而且是成串的。

　　这是发表在早期上海《文汇报》上的一组散文里的一篇（载1946年7月12日）。这一组文字1949年后丢失了，是不久前发现的汪的逸文（刚刚收入汪曾祺的新版全集）。说是"日记抄"，明显看出是从日记中摘录出来的。这些文字更像是散文诗，意象和文字的跳跃非常强烈。"那种丰满、精力弥漫"是无与伦比的。这是年青的生命，这是对未来还不能把握的一个年青人的弥漫的遐想，也是那种"一人吃饱全家饱"的无所拘束和散漫落拓。

　　我看过汪先生二十多岁时的一张照片，脸上线条光洁，短发,嘴里叼着一只烟斗,一副故作老成的样子,完全是一副"爱上层楼"的自负。可是,精神,饱满,一种旺盛的生命充溢着,眼神清澄极了。

> 我只坐过一次海船,那时我一切情绪尚未成熟。我不像个旅客,我没有一个烟斗。(《日记抄——花·果子旅行》)
> 我需要花。
> 抽烟过多,关了门,关了窗。我恨透了这个牌子,一种毫无道理的苦味。(《日记抄——花·果子旅行》)

> 抽烟的多少,悠缓,猛烈,可以作为我灵魂的状态的纪录。在一个艺术品之前,我常是大口大口的抽,深深的吸进去,浓烟弥满全肺,然后吹灭烛火似的撮着嘴唇吹出来。夹着烟的手指这时也满带表情。抽烟的样子最足以显示体内浅微的变化,最是自己容易发觉的。(《艺术家》)

这是一个怎样的生命?!汪先生在去世前的两个多月,为《旅食与文化》写题记。在文尾汪先生写道:"活着多好呀。我写这些文章的目的也就是使人觉得:活着多好呀!"这跨越了半个世纪的文字对照着去读,让我们看到一个怎样的生命!生命!生命!一个年青的鲜活的生命,"空气鲜嫩"。是啊!年青多好呀!可以那么张扬,那么多的妄想,那么多的不切实际和自以为是!可是,"这一切很美,很美"。

汪先生晚年在文章中说，我喜欢疏朗清淡的风格，不喜欢繁复浓重的风格。其实，汪先生晚年的文章，就是疏朗清淡的。这也是为什么会有这么多读者喜欢汪先生文字的原因。可是他年青的时候又是多么的繁复！那些文字黏稠、绵厚，不乏恃才自傲，用词往险、绝、峻里去。

这样的变化是必然的。从"爱上层楼"到"无事此静坐"，一个人的一生，总是要变的。这种变化，不妨往书里去找，更重要的，是往生活里去找。"曾经沧海难为水。"一辈子下来，经的事多了。人情练达，无须卖弄。一切归于萧疏、俊逸，成就了一派大家风格。

汪先生晚年论语言：我以为语言最好是俗不伤雅，既不掉书袋，也有文化气息。青年作家还是要多读书，特别是古文。雅俗文白，宋人以俗为雅，今人大雅若俗。能把文言和口语糅合起来，浓淡适度，不留痕迹，才有嚼头。

汪先生这是夫子自道。他把自己一生的经验都告诉了我们。

五

汪曾祺晚年的作品，其实是和早期作品一脉相承的，都是充满了现代精神。有些作品更前沿、更超凡。打开《汪曾祺全集》他最后几年的作品，如《小姨娘》《仁慧》《露水》《兽医》《水蛇腰》《熟藕》《窥浴》《薛大娘》，虽然短小，然生气盎然。《窥浴》写得多么大胆,可又是美;《露水》写出了下层人的艰辛和不幸。汪先生晚年对写性更大胆了,写得很放开。

比如《薛大娘》。薛大娘是一个极其通俗的故事,而汪先生把它写得活色生香。薛大娘故事很简单,薛大娘是个卖菜的,但她有一项"兼职",是给青年男女拉关系——拉皮条。街上的"油头"看上了哪个进城务工的乡下妹,两人眉来眼去有了意思,薛大娘就给他们"牵线"。有一回,薛大娘自己看上了"保全堂"的管事吕三,两人一来二去,熟悉了。下面是这么写的:

> 有一次,薛大娘到了家门口,对吕三说:"你下午上我这儿来一趟。"
>
> 吕先生从万全堂办完事回来,到了薛家,薛大娘一把把他拉进了屋里。进了屋,薛大娘就解开上衣,让吕三摸她的奶子。随即把浑身衣服都脱了,对吕三说:"来!"
>
> 她问吕三:"快活吗?"——"快活。"——"那就弄吧,痛痛快快地弄!"薛大娘的儿子已经二十岁,但是她好像第一次真正做了女人。
>
> ....
>
> 薛大娘不爱穿鞋袜,除了下雪天,她都是赤脚穿草鞋,十个脚趾舒舒展展,无拘无束。她的脚总是洗得很干净。这是一双健康的,因而是很美的脚。

薛大娘身心都很健康。她的性格没有被扭曲、被压抑。舒舒展展，无拘无束。这是一个彻底解放的，自由的人。

这种写法当然是很大胆的。人的价值观并不是二维的：非黑即白。它是复杂的，多元的。

汪曾祺要写什么？是人，是人性的美。

而《窥浴》是这样写的：

"你想看女人，来看我吧。我让你看。"

她乳房隆起，还很年轻。双脚修长。脚很美。岑明一直很爱看虞老师的脚。特别是夏天，虞芳穿了平底的凉鞋，不穿袜子。

虞芳也感觉到他爱看她的脚。

她把他的手放在自己的胸上。

他有点晕眩。

他发抖。

她使他渐渐镇定了下来。

（肖邦的小夜曲，乐声低缓，温柔如梦……）

这仍然是写人，写人的美。他热爱美好的东西；他生活在美中。生活中不完美的东西，他用文学加以弥补。他就是这样倔强的、不管不顾的，讴歌美，讴歌人，讴歌人性。

六

这篇文章着重讨论的是汪曾祺的现代性。谈这个问题,也是对汪曾祺是"中国最后一位士大夫"的定义的"反叛"。我写这篇文章还专门查了一下《辞海》关于士大夫的定义。"士大夫"的词条说:

> "士大夫":古代指官僚阶层。《考工记·序》:"作而行之,谓之士大夫。"郑玄注:"享受其职,居其官也。"旧时也指有地位有声望的读书人。

显然汪曾祺不符合上述条款的任何一条,他既不是官僚阶层,他一辈子没有当过官,没有坐过专车,没有提拔任用过同僚。虽然退休后有个"局级"待遇,那真只是个"待遇"。读书人他倒是,他真是读了一辈子的书。可是他到六十岁之后才成名,真是大器晚成。虽说大家

80年代末在家中

都喜欢他、尊敬他，也只喜欢他的文章，喜欢他的人。"有地位有声望"，还真是要看用什么样的标准呢。在生活中，他并不像传统的读书人和知识分子。他自己说过接受儒家思想多一点。但他接受的，并不是"致君尧舜上，再使风俗淳"的儒家思想，而是竹篱茅舍、小桥流水式的。他喜欢《论语》中的《子路曾皙冉有公西华侍坐》：莫春者，春服既成，冠者五六人，童子六七人，浴乎沂，风乎舞雩，咏而归。这种超功利的生活态度，其实更接近庄子思想的率性自然。他其实最在乎、最欣赏的，是生活中的美。他总是用一种美的眼光，审视生活，发现生活。又或从经历来看一个人的一生的话，严格地说，汪先生只是做了一辈子的编辑和编剧的读书人。

如果说汪曾祺是"名士"、是"才子"，是可以的。他身上的确有名士气，也有"捷才"。在汪曾祺的新版全集中，有一卷名为"杂录"，实际上就是他生活中的应酬、贺赠以及信函（包括给读者的回信）之类。古人的交往、贺赠，有一些，是成为传世之作的，如苏轼的《记承天寺夜游》、张宗子《湖心亭看雪》，更有一些成了书法的精品、珍品。比如王献之的《中秋帖》、杨凝式的《韭花帖》和王珣的《伯远帖》，等等。但今人确实已经是很难做到了。汪曾祺是个例外，他"杂录"卷里面的"七零八碎"，你要认真去读，真是非常有趣，而且文字极好，又富有才气。这样的才子文章，谁不喜欢？

在汪曾祺新版全集刚刚出版不久，有学者又发现了一通汪曾祺的残信,缘起是一位大学教授对汪曾祺小说《异秉》中写到的卤菜的做法提出质疑,一连写了三条。汪曾祺收到来信,不但没有反感,更谈不上反驳,而是心平气和地和这位杨姓教授(杨汝绂,其实也是他娘家亲戚)交流起各地卤菜特色和风味特点来,一封读者来信,汪曾祺回信却写成了一篇美文:

王二的熏烧制法确实如我所写的那样。
…………
这种煮法另有一种香味,肉比较干,有嚼头,与用酱汁卤煮的味道不一样。……这种做法,现在似已改变。前年我回高邮,见熏烧摊上的卤味都一律是用酱油卤过的了。羊糕有两种。一种是红烧后冻成糕。高邮人家制的都是这一种,你记得不错。上海、苏州和北京的稻香村卖的也是这一种。另一种是白煮冻实的。这种羊糕大概是山羊肉做的。煮时带皮。冻时把皮包在外面,内层是肉。切成片,外层有皮,形如n,叫做"城门卷子"。"卷"……读宣字去声。这种羊糕也叫"冰羊",以别于白煮热吃的"汤羊"。……我有时到冬天自己做了"白卷羊",凡吃过的都以为甚佳。

猪头肉各部分是有专名的。不过高邮人拱嘴即叫拱嘴,耳朵即叫耳朵。舌头的舌与"蚀"同音,很多地方都避讳。无锡的陆稿荐叫做"赚头",与四川叫做"利子"一样,都是反其义而用之。广东人也叫做"利",不过他们创造了一个字"脷",我初到广东馆子看到"牛脷"即不知为何物,端上来一看，是牛舌头！昆明的牛肉馆给牛舌起了一个很费思索的名称，叫做"撩青"！不过高邮人对动物的舌头没有这样一些曲里拐弯的说法，一概称之为：口条。

结果使这位杨教授大喜。——他仿佛又得了一次"美文"的洗礼一般。汪曾祺就是这样，他即使随手写的一个纸条，也许其中就有两句叫你难忘的话，使你愿意把这个纸条收藏起来。他曾在一篇文章中说，有些青年作家，文章写得不好，主要是语言不过关。一个作家要随时随地锻炼自己的语言，即使写一个检查，写一封信，也要力求做到文字准确简洁，意思明白通晓。

汪曾祺的文字多是明快通晓的。在他的文字中，大多充满一种内在的快乐，不管是小说，还是散文、诗歌。当然他也有忧伤的甚至愤怒的时候，但那是极少数的。总体上说来，汪曾祺的调子是明快的，欢乐的。他自己说他是一个"中国式的、抒情的人道主义者"，应该说是准确的。

因为汪曾祺特别重视语言，他晚年的作品，多白描，少华丽。表面看起来很"老实"，其实藏在这"文白相夹"的语言背后，是相当富有现代精神的。

这才是汪曾祺的魅力。也是他作品经久不衰的根本所在。

2019 年 2 月 28 日

在诗性与民间性之间
——对汪曾祺的一点新认识

说是新认识,其实也没有什么高明的见解。我的所谓"发现",在别人也许是旧识。只是我阅读汪曾祺三十多年,也多是稀里糊涂,近年经常与同好交流,得出一些启发,仿佛是升悟,其实也不尽然。比如关于汪曾祺的诗性,汪曾祺的民间性(张家口对汪曾祺的意义),以及汪曾祺重要作品的重新认识(比如过去一直认为《受戒》《大淖记事》是汪曾祺最重要的作品,现在发现《异秉》《鸡鸭名家》才是汪曾祺代表性的作品。特别是《异秉》,可以贯穿汪先生的文学思想),等等,对别人也许老生常谈,稀松平常,对我却有一种全新的发现。现实录于下,供专家和同好批评指正。

一、"当代苏东坡呀!"

几年前一次与孙郁老师聊天。孙老师著有《汪曾祺闲录》,对汪曾祺颇为倾情,聊到汪曾祺,孙老师忽然说:汪曾祺可惜了,复出后已六十岁,要再早些,就是当代苏东坡呀!孙老师的话吓我一跳:苏东坡可是能随便比的?可是孙老师的意思我明白:汪曾祺的黄金年龄基本给折腾掉了。等到"新时期",他已迈入晚年,好在时光还给了汪先生十七年,否则肯定不会有一个汪曾祺了。

是不是当代苏东坡咱不敢说,但汪曾祺是"才子",有灵性(比许多作家有灵性),这是肯定的。翻开新版《汪曾祺全集》,仅以小说论,1940—1948年,有小说44篇,1950—1980年,只有3篇,而1980年之后,直到1997年去世,在六十高龄的时候,写下了80多篇小说,几乎是他一生162篇小说作品的一半。

这中间的二十多年时间,也是他生命中的最好年华,几乎不见作品。这当然有时代的原因,也有他个人的原因。但他的才华"浪费"了大半,这是肯定的。

他这一生,是准备当作家的。当然十九岁离开高邮去昆明时,虽然带了两本书:屠格涅夫的《猎人笔记》和《沈从文小说选》,但还不是很明确。到昆明,接触上闻一多、沈从文等诸先生,在沈从文的指导下开始了文学创作,并且有作品发表,这时的汪曾祺,已经明确自己要去当一个作家了。

汪曾祺是有诗性的。一个人能拥有诗性并终生保持诗性,其实还是不容易,因为要有一颗诗人的心。汪曾祺终生保有诗性,在文字中时不时地一闪,出其不意,流露出一句,让人看后不能忘记。这既是多年的养成,也是一个人的禀赋。他晚年

曾写过一个短文,文章的结尾,他写道:

  一天清晨,迷迷糊糊做了一个梦,梦见一头骆驼在吃一大堆玫瑰花。

这就是诗。或者说是"巧思"。汪先生去世时,他的师母张兆和曾说:"曾祺笔下如有神,这样的作家越来越少了。"

黄裳先生在《也说汪曾祺》一文中说,曾祺的一切都是诗。他以汪曾祺一首诗《早春》为例:

  (新绿是朦胧的,飘浮在树杪,完全不像是叶子……)
  远树的绿色的呼吸。

黄裳在此诗后面点评说:"读来使人出惊……这给了我以启示,曾祺的创作,不论采用何种形式,其终极精神所寄是诗。"

黄裳的这段评语极为重要,他道出了汪曾祺创作的精神内核。汪先生在世时给自己定位:一个中国式的抒情的人道主义者。这句话有点长,也同样是有点抒情,没有"当代最后一个文人"和"最后一个士大夫"这样有冲击力,博眼球,最终并没有流传开来。但汪先生自己的定位,同样给了我们一个启示,即"抒情的",这三字。是的。汪先生是抒情的,他的《天鹅之死》,不是一个短篇小说,其实就是一首抒情诗。还有早期的《求雨》《职业》等，都是可以当诗去读。

汪曾祺早年写诗。他在二十一岁时有一首《自画像》：

> 用绿色画成头发，再带点儿鹅黄，
> 好到故乡小溪的雾里摇摇，
> 听许多欲言又止的梦话，
> 也许有几丝被季候染白了的，
> 摇摇欲坠，坠落波心，
> 更随流水流到天涯！

他的散文小说，包含有许多诗的语言，这固然与他青年时写过诗有关。（汪先生自己说，在大学时，一次听到两个女同学聊天，一个人说，谁是汪曾祺？另一个说，就是那个写别人不懂他自己也不懂的诗的那个人。）但更重要的是，他终生保持了一颗诗心。

翻开《汪曾祺全集》，看看他二十一二岁写的东西吧。1941年前后他写了《私生活》《家信》《家书》《烧花集》《灌园日记》和《风景》等。每一篇都是那么妙，文字中所有的视觉、嗅觉、听觉和通感，统统用上，混合在一起，这要怎样的才华，年青的汪曾祺呵！

> "又是花园去了，不弄得一身绿不回来。……"
> 我仿佛躲在窗台下，咬着舌头听过这些话，然后轻轻的

蹑足走进房间里，用一个笑等待被发现，忽然从背后抽出一枝花，我喜欢红花，但是抽的一枝玉色的，我的头发乱了，我得去梳，头发软软的，说明一切感觉。

——《家书》

我读了这一段文字，诗啊，诗啊，意识的流动。多美的"意识"。一个精灵在天空飞翔。我的精神像被打了鸡血一样有力。我心柔软。我非常冲动，一种美的冲动。

家里很静。但这种静与小学校课堂里的不同。昨天送孩子去上学，我想起我们从前小心藏住自己的声音，就像藏住口袋里一只黄嘴麻雀一样。

……到了家，孩子是你的了。我只想现在我们是属于静的，静不为我们所有。一种没有起始也没有结果的静，那么温和，那么精致，那么忧郁。

——《家信》

读这样的文字，心尖尖都颤动，用"藏住口袋里一只黄嘴麻雀"来比喻小心地藏住"自己的声音"，绝妙的比喻，完全是通感。这可以说是一篇关于"静"的"习作"，是写"静"的最好文字，最好的"诗"。这些文字里，都藏有一个诡计，一个机心。写出这样的语言，该有一颗多么敏感的心。

甚么都很好。我喜欢父亲翻书的声音，从那声音里，我觉得书页极薄，而且像微干的鸡蛋壳里的那层膜子那么白。青铛子鸟在青玉池里洗澡了，一团小雾在阳光里，阳光里有一道浅虹。这些，只如水面上的一个水纹，消失与产生一样自然，而晚上，灯光把帘子的影子铺在地上，我常想我在帘影里。似乎我便不在其他之中了。后来我想我至少还在静的里面。

——《家书》

用鸡蛋壳的膜，来比喻书页的白，怎么能想得出来？鸟就是鸟吧，还能叫出名字是"青铛子"（汪曾祺有比别人深入事物一步的美），洗个澡，毛湿了，一抖身子，抖出一团水雾，水雾必须在阳光中。阳光中的水雾又是一种景象，竟能有一道"浅虹"。呵呵，这样的小心的描写，何以能得？而在汪曾祺，观其一生，皆是如此之文字（七十七岁他还能梦到一头骆驼在吃一大堆玫瑰花），何不叫人去爱他？

读汪曾祺的文字，宜在雨中，宜在林中。有小鸟在远处树头啁啾。有一种鸟发出一种清亮的长声：

啾，啾——

啾，啾——

它不知躲在何处？

汪先生自己说过：我以为语言最好是俗不伤雅，既不掉书袋，也有文化气息。雅俗文白，浓淡适度，不留痕迹，才有嚼头。他这里的"雅"，当然包含诗，而"俗"，则是更多的"民间性"。他的诗性无处不在。他晚年有一篇写家乡的短文，说，人站在桥上，仿佛自己变"轻"了（这其实是"通感"）。这是一种曼妙的感觉，一个称之为"艺术"的感觉。（许多人其实是没有的。）

汪曾祺的语言有很强的"破坏"性。破坏"庸常"，破坏"平庸"。这种"破坏"是美的。他从青年到老年，一生都背负着这样的天赋和才华。比如他对颜色的敏感，他晚年曾专门写过一篇关于颜色的短文：《颜色的世界》。

他说他的老师沈从文作品中的"风景画多是混和了颜色、声音和气味的"（《与友人谈沈从文——给一个中年作家的信》），他自己又何尝不是。他说，对于颜色、声音、气味的敏感，是一个画家，一个诗人必需具备的条件（这种敏感是要从小培养的）。

他写过一篇散文《白马庙》（前时我到昆明去过这个地方），写到一个挑粪的，挑一副崭新的粪桶，粪桶近口处竟画了一周遭的串枝莲，墨线勾成，笔如铁线，匀匀净净。他说"粪桶上描花，真是少见"。

汪曾祺就是这样观察生活的。他有一双与别人不一样的"眼睛"。

那个早期短篇小说《落魄》，写的那个扬州人，也是一首诗,他对女人,是"低低说几句话",有时为她头发上拈去一粒草屑,"他那个手势就比一首情诗还值得一看"。

而那篇写高邮老街上的作坊手艺人生活的《戴车匠》,用评论家、诗人唐湜在《虔诚的纳蕤思:谈汪曾祺的小说》一文中所说的,就是"一章旧文化传统、旧生活传统的抒情诗"。那篇既似散文又似小说的《艺术家》,简直就是用诗写下的。

早在1949年,唐湜先生就有长文评论汪曾祺,他同样在《虔诚的纳蕤思:谈汪曾祺的小说》一文中说:"他的小说(他的小说、散文根本就无法分别)就是不像小说的小说,一种原坯的人生素瓷,不上釉彩,却更多坚实的诗思。"

他又说:"汪曾祺是虔诚的,他频频向生活之流映照……终于意识风流云散地漂游,而意象无所不在地环生,完成了艺术或诗的真,映照了真纯的清澈见底的人生。"

翻开汪曾祺现存的所有作品,即使再短,内中都会有一两句"俏挣"的句子,或者说诗的语言。他一辈子重视语言。他是当代唯一一个把语言的重要性推到极致的作家,正如他的名言"写小说就是写语言"。

所以他的师母张兆和说他是"巧思",是没错的。

"巧思",就是诗。

二、张家口:了解中国农民的重要"窗口"

张家口的四年,对汪曾祺来说,其影响是深刻的。可以说,他真正深入到人民中去了。

汪曾祺1958年被错划为"右派"下放到张家口的一个农业科学研究所劳动。说"劳动"好听点,其实就是思想改造。1960年"摘帽"。1962年初回到北京,前后将近四年。

这四年对汪曾祺有什么意义呢?对他的创作又有什么影响呢?

撇开人所受的精神和肉体的双重痛苦外,对汪曾祺的人生和创作,还是起到了十分重要的作用。

汪曾祺虽然童年生活在苏北一座封闭的小城高邮,但他从小到十九岁离家出去求学,没有在农村生活过(为避难,在后来创作《受戒》以为背景的那座小庙里躲了半年不算),更没有参加过农业劳动。家庭比较殷实,过的是"少爷"生活。[汪先生在《我的母亲》一文中曾说:"我已经很大了,任氏娘(他的继母)对我们很客气,称呼我是'大少爷'。"]后来上学、教书、当编辑,虽然也到过农村、见过农民,但在骨子里与农村、农民是不贴近的。张家口的四年,是他与农村、农民最接近的四年,可说是深入骨髓的。套用沈从文的说法,是"滚到了农民中去了"(沈先生爱说"滚到生活里去")。中国是个农业大国,了解中国就要了解中国的农村,了解了中国的农村,可以说就基本了解中国。这也可以说,是给汪曾祺了解中国民间的一个重要的"窗口"。

汪曾祺是一个从小立志当作家的人（这个是有根据的，而且他确实也实现了他的人生目标）。作家必须要深入到生活中去，有些是主动的，有些是被动的。汪曾祺下放张家口，是被动的，但也是"意外"收获。

用汪先生自己的话说：

> 这四年对我来说是很重要的。我和农业工人（即是农民）一同劳动，吃一样的饭，晚上睡在一间大宿舍里，一铺大炕（枕头挨着枕头，虱子可以自由地从最东边一个人的被窝里爬到最西边的被窝里）。我比较切实地看到中国的农村和中国的农民是怎么回事。

汪曾祺青年时的创作是现代派，在大学里还写过"别人不懂自己也不懂的诗"（汪曾祺语）。他是想努力创作的，可多是自我的"痛苦"或者"观察"来的生活（他在晚年，别人曾劝他翻翻旧报纸，找找青年时的作品出一本书，他说："我不想干这种事，实在太幼稚，而且和人民的疾苦距离太远。"）。他并没有机会，去真正感受中国农民的"痛"（生活）。这一回算是实实在在地感受到了。他后来的创作，趋于平实，更关注现实，多去抒写普通人的疾苦，这不能不说与张家口这一段生活经历有关。在20世纪80年代一次关于他作品的讨论会上，他说"回到现实主义，回到民族传统"，这是他的真心话,也是他经历了丰富人生的切身感受。

张家口可以说给汪先生补了一课。补了一堂"中国农民课"。

关于张家口,汪曾祺写了十一篇小说,《羊舍一夕》《王全》《看水》写于1961年、1962年,是写孩子的,但不是儿童文学。《骑兵列传》写于1979年,那时思想还没有完全放开,写得有点禁锢的样子。《黄油烙饼》和《七里茶坊》,许多人都说写得好,很感人。《寂寞与温暖》是写给自己的。小说主人公沈沅可以说就是汪先生本人。沈沅的思想感情,就是汪曾祺那时的思想感情。《护秋》和《尴尬》写于1992年,这时的汪先生已经完全放开,这两篇小说写得很有意味。

在张家口,汪曾祺还给所里的赵所长等人写过思想汇报。这个汇报挺有意思。细看里面文字,有一段话颇有意味:

> 我对现在的工作是有兴趣的,但觉得究竟不是我的专长。有一晚无灯黑坐,曾信笔写了一首旧诗:"三十年前了了时,曾拟许身作画师,何期出塞修芋谱,搔发临畦和胭脂。"(三十年前,被人称赞颇为聪明的时候,曾打算作一个画家,没有想到到塞外来画山药品种志的图,搔着满头白发在山药地旁边来和胭脂)。我总是希望能够再从事文学工作,不论是搞创作,搞古典或民间文学,或者搞戏曲,那样才能"扬眉吐气"。问题即在于"扬眉吐气",这显然是从个人的名位利害出发,不是从工作需要出发,对于"立功赎罪"距离更远。

这里面的信息告诉我们：汪曾祺实在是热爱文学的，而且是要为之奉献终身的。

这个思想汇报还透露了一个信息：他受农科所领导指派，到所里一个叫沽源的马铃薯基地去画马铃薯的薯块、花和叶。他汇报中说：

> 我七月底离开沙岭子到沽源，稍事整理，即开始绘画马铃薯的花和叶子。迄至现在为止，已画成六十余幅。其中部分是兼画了花和叶子的，部分的只画了花，小部分是只画了叶子的。我每天早起到田间剪取花、叶，回来即伏案作画。因为山药花到了下午即会闭合或凋落，为了争取多画一二丛，我中午大抵是不休息。除吃午饭外，一直工作到下午七时左右。每天的工作大概有十一二小时。晚上因为没有灯；且即便有灯，灯下颜色不正，不能工作，只好休息。已经画成的各幅，据这里李敏同志和陈先雨同志鉴定，认为尚属真实。我自己知道，我幼年虽对绘画很有兴趣，但从未受过严格训练，用笔用色，都不熟练，要想画得十分准确而有生气是颇困难的。

从这个汇报中，可明确看出"已画成六十余幅"。这个图谱后来不知怎么给弄丢了。实在太可惜了。如果还在，编一本汪曾祺所绘《中国马铃薯图谱》，那将是一本妙书。

这些当然是另一个话题了。但张家口,对于汪曾祺确实是一所大学,一所"永远无从毕业的大学"(沈从文先生语,即社会、人生这所大学)。

三、高邮:汪曾祺的"文学邮票"

辛苦,笃实,轻甜,微苦。

我希望喜欢汪曾祺的朋友记住这八个字,这其实是汪曾祺写下那么多旧时高邮这个小县城里形形色色的人物的根本。他为什么写他们?为什么那么钟情于他们?这是汪曾祺反复去抒写他们的初衷。这些作品其实也是汪曾祺最重要的文学贡献。可以说,如果剔除汪曾祺写家乡的这些文字,汪曾祺就不成其为汪曾祺了。

汪曾祺是故乡高邮旧时生活的"代言人",汪曾祺的文学世界,绝大部分是这个旧时封闭的小城。他的童年和少年,就生活在这座封闭的小城里。说具体一点,就是高邮城的东大街不出一千米的范围以内的商铺、手艺人的生活。这些生活像錾子錾进去一般印在汪曾祺的脑子里。

他从早期的《翠子》开始,很快形成了风格,昆明时期的《鸡鸭名家》《异秉》《戴车匠》,到后来的《受戒》《大淖记事》《异秉》(重写本)和《岁寒三友》,这些作品中有他抒写故乡的主要文学特色。这里的有些人,汪曾祺反反复复地写,比如《异秉》,前后写过两个版本。这既可以说是汪曾祺重视这一题材，又可以说是汪曾祺一生的文学试验（他的老师沈从文也做过各种文体的试验）。《异秉》的精妙、别致，和它所包含的"辛苦，笃实，轻甜，微苦"的文学意韵，可称得上是汪曾祺的代表作。也是汪曾祺提出的"八字文学观"的最好的"解读"。

可以说，高邮对于汪曾祺，即如福克纳所言"邮票大小"的那个地方。他的一生，都在写他十九岁之前所生活的这个县城的记忆。我有时想，他几十年不回乡，从文学角度，是有利于保留那过去的记忆的。这样说似乎有些无理。当然，汪曾祺也并不是为保留这些记忆，而故意不回家乡。世界上也许还不会有这样的"故意"。

前不久，陪深圳电视台到高邮拍摄汪曾祺的文化专题片，在高邮东大街的大淖巷和草巷口采访（这些都离汪曾祺童年所居住的科甲巷不出一百米），那些街坊的老头老太（都七八十岁啦！），看到几台摄影机来回拍摄，都倚在门框上看热闹。随便问一问岁数，一个答八十七了，一个答八十一了。巷口一个老太，指着隔两三个门的一个：她九十一了。

"写的是我家哎！"

"认识，认识，写的就是×××。"

"汪家祖传眼科，他父亲还给我看过眼睛呢！"

…………

当问起汪曾祺笔下的人物时，这些老人七嘴八舌，仿佛是经过训练的演员,一个一个抢着,说着自己知道的故事。是的,汪曾祺小说《异秉》中的王二,《徒》中的高北溟女儿女婿高雪和汪厚基,都住在这条巷子里。

高邮籍"汪迷"姚维儒先生陪着我们,并为我手绘了《汪曾祺故乡足迹图》。姚先生年届古稀,小时候也住在东大街上,对这一片非常熟悉。其实说"足迹",也就是汪曾祺十九岁离开故乡之前的足迹。他先后两次陪我重走汪曾祺上学路,从后街的臭河边(名叫臭河,传说"八仙"之一铁拐李曾在此洗脚,把水弄臭了),走过许多巷子,到汪先生曾上学的"五小"。在这些街巷上,许多人物曾出现在汪先生的笔下:王玉英、侉奶奶、李三、叶三、金大力、李花脸、八千岁、陈小手、大凤—凤二凤……许多地名也曾出现在汪先生的小说里:越塘、螺蛳坝、臭河边、承天寺、阴城……几十年来,我已反反复复在这条街上走过多次,包括三十年前和十年前的寻访,也没有这一次走得仔细和深入。

汪先生在《自报家门》一文中说:

> 从我家到小学要经过一条大街,一条曲曲弯弯的巷子。我放学回家喜欢东看看,西看看,看看那些店铺、手工作坊、布店、酱园、杂货店、爆仗店、烧饼店、卖石灰麻刀的铺子、染坊……我到银匠店里去看银匠在一个模子上錾出一个小罗汉,到竹器厂看师傅怎样把一根竹竿做成筢草的筢子,到车匠店看车匠用硬木车旋出各种形状的器物,看灯笼

铺糊灯笼……百看不厌。有人问我是怎样成为一个作家的,我说这跟我从小喜欢东看看西看看有关。这些店铺、这些手艺人使我深受感动,使我闻嗅到一种辛劳、笃实、轻甜、微苦的生活气息。这一路的印象深深注入我的记忆,我的小说有很多篇写的便是这座封闭的、褪色的小城的人事。

汪先生又说过:

邵家"茶炉子"

我写小说,是要有真情实感的,沙上建塔,我没有这个本事。我的小说中的人物有些是有原型的。(《菰蒲深处》自序)。

其实都是有原型的(他真是一个不会编故事的作家,老老实实写下自己熟悉的生活),但是这些原型都经过了汪先生的思考和升华。世界上还没有一个完整的生活,一下子让你写成小说这样的好事。正因为汪曾祺作品的真,笔下才实。他的作品,事情真,情感真,语言真。几乎可以说,几十年来,经过那么多读者,特别是家乡熟悉他笔下人物和故事的读者的阅读,还没有一个人指出过汪先生笔下的虚妄与不实。也可以说,这才是汪先生作品经久不衰的魅力,或者说,魅力之一吧。

在高邮,汪曾祺可以说是家喻户晓。我们在高邮见到的人,都能说出一两件汪曾祺笔下人物的故事。汪曾祺,真正可以说是属于高邮的。他是一个有家园的作家。他的家园,当然是高邮。

一个作家,因为作品,掀动了一座城。在中国除了鲁迅、沈从文等作家之外,还有多少作家能够做到呢?

沈从文先生也早就说过:若世界真还公平,他的文章应当说比几个大师都还认真而有深度,有思想也有文才!"大器晚成",古人早已言之。最可爱还是态度,"宠辱不惊"!

沈从文在1941年给施蛰存的信中,谈及昆明的一些人事,也曾写道:"新作家联大方面出了不少,很有几个好的。有个汪曾祺,将来必有大成就。"

沈先生真是眼力深厚,果然言中。

四、名气大于作品说?

前不久,人民文学出版社新版《汪曾祺全集》出版,引起新一轮"汪曾祺热"。于是也有言论,说汪曾祺的影响力大于他的文学成就,有一篇文章引用林斤澜的话,说林斤澜认为汪曾祺的名气过于大了,大过了他的创作实绩,说,汪曾祺是沈从文的学生,在小说上汪曾祺既没有中篇,更没有长篇。从创作的质和量上,都没法同沈从文相比。

可是,沈从文是多么欣赏汪曾祺?甚至还说过,汪曾祺写得比我好!

不明白的人,还以为沈先生在说梦话呢!

看看汪曾祺早期的那些作品,多么富有才华,富有诗性。文学不是以量来衡量的。文学不是萝卜,可以论堆"撮"。

汪曾祺实在是多才多艺的。他杂书读得很多,杂知识丰富。那天在高邮,见到汪先生的外甥。他对我说:舅舅想培养我当作家,还要推荐我去鲁院上学,他对我说,要多读古文。在一旁的汪先生外甥女说:舅舅认为有些青年作家,一点古文不读,怎么能写好散文?可见汪先生本人对古典文学修养的重视。汪先生一辈子对生活葆有热情,对各种杂知识都充满兴趣。他兴趣广泛，涉猎领域多：美食、书画、花鸟虫鱼，戏剧、民歌等等，他都喜欢。

汪曾祺之所以迷人，之所以有这么多人追随他喜欢他，实际上读者已经不仅仅把他当成一个小说家在看了。他是一个有中国趣味的文人。中国文人身上具有的气息，他都有。若干年后，也许人们真会把他和苏东坡、归有光、张岱、袁枚等一起来看，这才是汪曾祺的真正魅力。在当代作家中，汪曾祺身上的这些气息，许多人是没有的，不管你写了多少小说，获了多少文学奖。因此，有人认为汪曾祺影响力大过他的作品，显然是不了解汪曾祺，也不了解他的作品。

2019 年 12 月 20 日写毕，12 月 23 日改定

汪曾祺的文学地理

汪曾祺的文学地理，也像福克纳"像邮票那样大小的"那个奥克斯福小镇，也只是高邮城东大街不出方圆一公里的地方。纵观汪曾祺的文学成就，主要是他描写故乡高邮旧事的记忆，那里的乡俗人情。早在1982年汪曾祺的一个亲戚（表弟）兼业余评论家杨汝䌹就撰文指出：汪曾祺早期的《复仇》是有趣的尝试，但试一下就可以了。《黄油烙饼》《寂寞与温暖》，写反右、写饥荒，也是一个历史的侧影，但是《异秉》《受戒》《大淖记事》，还有《岁寒三友》，才是真正的汪派，才是不可替代的。他又说：汪曾祺发掘了名不见经传的苏北小城高邮特有的魅力，愈是写出它的个性，就愈有普遍意义。

就是说，上面点出的写高邮的篇什，再加上后来《晚饭花集》里的大部（当然还包括他写高邮的散文），这才是汪曾祺对当代文学的重要贡献，或者说，汪曾祺的文学成就，主要在这里。

这个观点在1989年由北京、台北两地同时进行的汪曾祺作品研讨会上（这是汪曾祺仅有的一次作品研讨会），也得到了强调。学者李国涛指出：汪曾祺写得最出色的还是家乡高邮的那些作品，这部分作品最能代表其创作特色。

最近我连续去了高邮，一次是随《北京青年报》青睐高邮寻访团，一次陪深圳电视台拍摄汪曾祺文化专题片，因为采访深入，使我受益匪浅，弥补了我过去许多次去高邮的空白，两次去了《受戒》中小英子和明子的庵赵庄，虽然历经沧桑，变化很大，但人情和风貌大致还是如此。庵赵庄菩提庵（现改名叫慧园寺）现任主持智隆（在家名赵久海）是个有趣的老人。他今年已86岁，可精神矍铄，非常开朗豁达，真正是人情通透。庵赵庄在高邮的东北，距县城也只有十多华里，过去去庵赵庄是可以从大淖坐船的，正如汪曾祺所写小英子送明子去受戒，走的是水路。而现在打个车半小时就到了。第一次去庵赵庄时，那天正是小雨，由高邮的姚维儒先生陪着，也算是为北青报的寻访团先打个前站。找到庙里，智隆出门去给人家做佛事去了。他的老伴周志英在寺里（智隆结过两次婚，前后有五个孩子。他原先是出家的，后来还了俗，改革开放之后，他又出家），周志英今年已七十六岁（她有两个女儿），正倚在门框上，看着院子里一堆被雨淋着的油菜秆（油菜籽在秆子上）发愁，她说：再下这油菜籽就没用了，又没有办法搬到屋子里去。我见那一大堆的油菜秆，怎么也没法搬到屋子里去。院子中间的洼地已经有雨水积储，可雨也没有立即停下的意思。我前后转转，因规制太小，实在不像个法严庄重的古刹，倒更像乡间的一个平常人家。门口依然有一条河，正如《受戒》中所言：

> 荸荠庵（菩提庵）的地势很好，在一片高地上。这一带就数这片地势高，当初建庵的人很会选地方。门前是一条河。门外是一片很大的打谷场。三面都是高大的柳树。

这一条河现在似乎更像一口池塘，水也不是那种撩人的清澈。院内倒是栽了两棵松树，还不见苍老。正中一只不大的铜香炉。前殿东西各有厢房。西边一间有两张大床，一个超薄电视机，一张大桌。桌上的墙上挂有两个镜框，里头夹满了照片。一个镜框里是两张大照片，或者是智隆和老婆的。另一个则是智隆参加各种法会的照片，其中一张在甘肃某寺受戒大会上的尤为引人注目，说明智隆是正式受过戒的（是有执照的和尚，可以随庙挂单的）。

"他去哪里做佛事去了？"我问。

周志英已进到了东厢的厨房："给马棚的一户人家。"

"远吗？"

"不远，就在运河的下面。"

我对姚维儒说，去找他吧。于是，我们又上了出租车，在雨中去马棚。果然，只向北走了不多会儿，我们就找到了。

智隆是个胖子，可腰板挺直，声如洪钟，相貌真是堂堂。我上面说他人情通透，一点没错。他们一行有五六个和尚，都围在一张桌前,合做一堂佛事。在这一群人中,也有智隆的儿子。我忘了问法号,只记得告诉我今年也六十七岁了。

见面略寒暄几句,就说到正题,我说:汪曾祺你知道吧。

他哈哈笑说:知道知道,许多人来找过。我问他记忆中的菩提庵是什么样子。我找出一张纸,他即给我画了个草图:标注为1933年记得的慧园寺。上有佛堂、土地庙、大佛、七如来、小塔骨、字纸库……

我说,北京一个寻访团要来,都是记者,想了解当年菩提庵的一些事情,你到时给介绍介绍。

他一听北京来的,还是记者,说:这个我怕讲不好。又稍顿了顿,他忽然说:"怎么讲?你给我写个稿子吧?"

我不由得笑了起来:"这我不成了你的秘书了?"其他五六个和尚,有抽烟的,有喝茶的,也都笑了起来。

隔了两天,我果然又随寻访团来到菩提庵。这一回是个大晴天了,阳光极好。智隆前前后后跑着,回答着各种古怪问题。因为在家(寺就是家),他只穿了一件老头衫,女儿见着,找过一件僧衫给他披上。他乖乖地伸出胳膊,给女儿套,果然,僧衫一穿,像个出家人了。

在寺内的墙边,立着几块残破的石头。我走过去,仔细看上面的字,因蒙了很厚的灰尘,我找出纸来擦拭,见上面写着:

□□□于光绪十年契买朱生甫本里民田一百□□□,值银七百四十七两零六分,以为该庵僧道人食用香火……

寻访团里不知谁提议读《受戒》,于是一群人,便坐在寺外的围墙下的香樟树下,一人一段,从"明海出家已经四年了,他是十三岁来的……"开始,一个接一个念下去。

智隆见这一群人坐下读书,他过来对我说,你们没事,我有事去了?

我连忙说,好好好,多有麻烦。您先忙去。

寺中安静了下来,于是一群男女,带着各自的乡音,抑扬顿挫地照着书念了起来(汪先生若有灵,肯定忍不住要笑了起来)。声音沿着寺院浅黄的围墙,飘向了乡村的天空,散布在这夏日的苏北乡村的田野上。田野中成熟的小麦,在阳光下闪着金黄,一片一片伸向远方,碧蓝的天空下,有几棵孤立的树立于田间,真是一幅油画。

智隆对我说的"有事",其实他是跑到村头小卖部那里修电动三轮去了。我们返回的时候,从村头过时,我见他正趴在地下,起劲地"捣鼓"他的三轮。我想这三轮,大约是他的"专车",出门做佛事,要带许多"家伙",没有个"车"是不行的。

我坐在大巴车内,窗户是密封的,没有办法同他打个招呼。我望着他勾着身子的背影,忽然有点感动。这个老人让人感到十分亲切。他不像个和尚,像一个普通的爷爷。

"她的全身,都散发着一种青春气息"
——重读《受戒》

一

前一阵子要到高邮参加汪曾祺文学活动,重读了他的许多小说,当然包括著名的《受戒》。汪曾祺的写作真是好玩(他真是新时期极少数具有强烈个人风格的作家),他的许多小说,从青年到老年,都反复写,有的写了好几遍,像《异秉》,像《求雨》,年轻时在昆明写过,到了晚年,在北京,又重写。他的重写,都是在没有底稿的情况下(他早年的少作,有许多丢失了,有人叫他找找,他说找它干嘛),凭记忆,进行重新创作。《受戒》虽然不是重写稿,但是熟悉汪曾祺作品的读者,都知道他年轻时,写过《翠子》和《河上》,仔细看看这两篇写于1940年左右的小说(那时汪曾祺才二十岁),就能对《受戒》的诞生多了一点小小的理解。

《河上》是写城里的一个少爷,得了神经衰弱症到乡下休养,住了一些时日,与一个叫三儿的女孩混熟了,产生了一点点的爱慕。这日少爷要进城里一趟,三儿对妈说"我下田去了",其实是将家里的船,偷偷地划跑了,去送少爷进城。船上的一路,这两个少男少女,既蛮憨又天真:

"三儿,你再不理我,我要跳河了。"
"跳河,跳河,你跳河我就理你。"
他真的跳了。

三儿惊了一下,但记起他游水游得很好,便又安安稳稳的坐着,本来也并未生甚么气,不过略有点不高兴,像小小的雾一样,教风一吹早没有了,可是经他一说出生气,倒真不能不生气了,她装得不理他。他知道女孩子在这些事情上不必守信用。

这里所有的笔法都像极了沈从文或者废名。汪曾祺早期的创作,确实是深深地受了沈从文和废名的影响。抒情上若沈从文,笔法的某些方面,则神似废名的《竹林的故事》和《桃园》。这些基础少不得是汪曾祺到后来的《受戒》故事的发生地庵赵庄的菩提庵躲避战火所带的一本《沈从文小说选》影响的。这篇《河上》的记忆,也为后来的《受戒》留下了早期的种子。

而《翠子》,直接就是小英子。因为小英子原型是大英子,也是从庵赵庄回城之后,从乡下带回去的(1937年汪家为躲避战火,在这个小庙里住了半年)。进城之后,汪家直接请她到城里带还很小的汪曾祺的弟弟了。

这些美好的记忆，都在十六七岁少年汪曾祺的心中埋下了伏笔。

当然，说《受戒》的诞生，还有一个直接的推动力，就是他的老师沈从文要出小说集，汪先生集中读了一次沈先生的小说："我认为，他的小说，他的小说里的人物，特别是他笔下的那些农村的少女，三三、夭夭、翠翠，是推动我产生小英子这样一个形象的一种很潜在的因素。"（汪曾祺《关于〈受戒〉》）。

前几天读到余华在南京的一个演讲。他说：作家写作也是需要天时、地利、人和。什么时候写什么样的题材、什么样的作品，是一个命中注定的事。

汪先生自己也说：要说明一个作者怎样孕育一篇作品，就像要说明一棵树是怎样开出花来的一样的困难。

《受戒》就这样被命中注定了。与《河上》和《翠子》比，已经是四十年后的事了。这中间都经历了些怎样的岁月？

二

六月间，连续去了多次高邮。《受戒》故事的发生地庵赵庄的菩提庵（现改为慧园寺），在一个星期内去了两趟，见到八十六岁的现任主持智隆。智隆，在家名赵久海，他先后出过两次家。第一次出家后还俗,改革开放之后,又一次出家,因此他结过婚,前后有五个孩子(他有两次婚姻)。第一次冒雨前往,他不在寺里,他的老伴倚着寺门,望着院内的一堆油菜秆发愁(菜籽还未打),自言自语道:这雨再下下去油菜秆就没有用了。我们问智隆去哪里了,她说到马棚做佛事去了。我们赶到马棚,果见四五个和尚,坐在一个临时搭的大棚之下,正给一户人家做一堂佛事。此时正中途休息,几个和尚围坐在一张大桌前聊天,我们说是来看看汪曾祺笔下《受戒》中的寺庙,请他给介绍介绍。他极其热情,找出纸笔,给我画出记忆中过去菩提寺的样子。第二次,随一个团去,智隆从外面赶回来,因天热,只穿一件老头衫,他的女儿见了,找出一件袈裟,给他披了,他乖乖地伸出胳膊,给女儿套。一套上僧衫,便立马有了一番出家人的气象了。

看到这个场景,则不免让我想起汪先生的《受戒》,想起那个大师兄仁山:

> 他在庵里从不穿袈裟,连海青直裰也免了。经常是披着件短僧衣,袒露着一个黄色的肚子。下面是光脚趿拉着一双僧鞋——新鞋他也是趿拉着。

这个十分简陋的乡村寺庙,真的看不出法相庄严的样子。它更多的是人间烟火。它现在的这个样子,绝不是为了迎合汪曾祺小说中的氛围,而是本来就是这个样子。小小寺庙的四周，是村庄和农田。正是夏天，天空又高又蓝，有白云在天空悠闲地舒卷，而田野中是金黄的成熟的小麦。田野一望无际，在碧蓝的天空映照下，到处闪着阳光的碎片，真真是一派苏北田园风光。

我在写作此文的间歇，高卧在床头将《受戒》又读了一

夏日苏北乡村

遍，读得心中热热的，有一种冲动要到电脑前写点什么。好小说就有这样的魔力。我已读过多少遍《受戒》？可今天去读，依然那么兴致勃勃。我在二十岁时还在一个笔记本上抄下了《受戒》。我站起身来，抽下那几个笔记本，找出抄有《受戒》的那本，我一页一页翻去，有许多用红笔画的杠杠，且还是同《大淖记事》对照着抄下来的，以比较其异同。

汪曾祺的小说为什么这么好看？

我以为汪先生不仅仅给了我们一段生活，一个故事。他在小说中还注入了许多人情、风俗和常识（是常识，不是知识）。就以《受戒》为例，他不仅仅是写了明子和小英子这么一个简单的爱情故事（他们的爱情故事太淡化啦！）。他在小说中，写了大量的苏北农村的田园风情，健康的劳动之美，写了寺院中的许多常识（比如如何烧戒疤），还有植物学、动物学，等等（汪曾祺所有作品中的杂学收集起来可以出一本书，希望有人研究这项工作）。我们在《受戒》的结尾，读到"芦花才吐新穗。紫灰色的芦穗，发着银光，软软的，滑溜溜的，像一串丝线。有的地方结了蒲棒，通红的，像一枝一枝小蜡烛。青浮萍，紫浮萍。长脚蚊子，水蜘蛛。野菱角开着四瓣的小白花。惊起一只青桩（一种水鸟），擦着芦穗，扑鲁鲁鲁飞远了"。

这短短几行，就藏有我们不知道的许多常识。野菱角开白花，大约我们是知道的，但这花是四瓣，就不一定人人都知道了。

这个小说读过已几十年了，直到前几年，我才弄清楚"蒲棒"是怎么一回事。我从一个水乡，带回一支蒲棒，放在车上，时间长了，忘记了。直到有一天，我车上不断飘出一些白色絮絮，我仔细研究，原来是这只蒲棒"炸"了，从一个很小的缺口，不断飘出白絮。我索性将这根粗粗的"蜡烛"拿下车，用力去掼，却越掼越多，等全部掼完，一大堆的白絮，完全可以装满一个枕头！我这才对这根"蒲棒"的"魔力"有所认识。

而他写的那只"青桩"呢？到现在我们都搞不清楚（我相信有许多人搞不清楚）。那日在高邮，去游芦苇荡，见到许多鸟，一船的作家，不知道哪只鸟是青桩。湖中插了许多树棍，有水鸟栖于其上。有人说，那湖里的桩，栖在上面的青色的鸟就是"青桩"了，引得一船人大笑不止。

当然在《受戒》中，小和尚的爱情是主线。

小说中的那个少女小英子，一个在乡村天地里成长起来的女孩。她大胆，天真，无忧无虑，是城里的女孩所没有的。正是这些，感动了汪先生，也是推动他写出《受戒》的一个重要原因。汪先生在《关于〈受戒〉》一文中说：小英子的一家，如我所写的那样。这一家，人特别的勤劳，房屋、用具特别的整齐干净，小英子眉眼的明秀，性格的开放爽朗，身体的姿态优美和健康，都使我留下难忘的印象。她的全身，都发散着一种青春的气息。

小英子的成功塑造，使中国文学百花园中，又多了一位女性。她同《红楼梦》中的众少女、沈从文笔下的翠翠、鲁迅的祥林嫂和孙犁的小满儿……一同闪耀在中国小说之林中。

汪先生二十七岁在上海,曾写过一篇《短篇小说的本质》,其中他说:要在浩如烟海的短篇小说之中,为自己的篇什寻得一个位置。这可以说,是汪先生的一个文学宣言。没想到几十年后,在新时期文学的大潮中,他果然为世界短篇小说之林,贡献了一篇佳作,也以此将自己写进了文学史之中。

2019年8月26日写毕,天大热

"我是一个比较荒诞的作家"
——写在汪曾祺先生一百周年诞辰之际

在汪曾祺先生一百周年诞辰之际,汪曾祺的出版和研究又进入了一个新的阶段。那么,汪曾祺究竟有何文学风格?他一生受了哪些作家的影响?他的阅读、写作和积累是怎样一个过程?笔者阅读、研究汪曾祺近四十年,也曾写过一些回忆性的文章,对汪曾祺的文学风格和写作也逐步有了一些粗浅的认识。

一

我二十岁读汪曾祺,不是从《受戒》和《大淖记事》开始的,而是从一本小说集《晚饭花集》开始的。我曾把这本书抄在四个笔记本上,这些我都曾说过。《晚饭花集》里写的都是高邮这座小城里的小人物故事,打鱼的,地保,瓦匠,桶匠,开药店的,开粮行的,医生(钓鱼的医生、接生的男科医生),教书匠,做小买卖的,水手,皮匠,剃头匠,铜匠,打把式卖艺的,小城知识分子(画家),等等,五行八作,三教九流。也是高邮人的杨汝绁曾说过：写高邮小人物的故事，是汪曾祺对中国文学的最大贡献，比写花草虫鱼、四方吃食，以及写北京、上海、昆明和张家口的小说、散文，都要有价值得多。

后来读《受戒》和《大淖记事》，又把一本《汪曾祺短篇小说选》读得滚瓜烂熟。

我在《重读〈大淖记事〉》中是这样写的：二十多岁时的阅读，还带着许多幻想和迷惘。有许多生活的感受还不能确切。这一回重读，阅历、感情和人生的状态都不同于少年，因此还是有些启发，或者说，是有所新的发现。

我读到巧云出场的这一节：

巧云十五岁，长成了一朵花。身材、脸盘都像妈。瓜子脸，一边有个很深的酒窝。眉毛黑如鸦翅，长入鬓角。眼角有点吊，是一双凤眼。睫毛很长，因此显得眼睛经常是眯缝着；忽然回头，睁得大大的，带点吃惊而专注的神情，好像听到远处有人叫她似的。

沈从文《边城》里写翠翠：

翠翠在风日里长养着，把皮肤变得黑黑的，触目为青山绿水，一对眸子清明如水晶，自然既长养她且教育她。为人天真活泼，处处俨然如一只小兽物。人又那么乖，和山头黄麂一样，从不想到残忍的事，从不发愁，从不动气。平时在渡船上遇陌生人对她有所注意时，便把光光的眼睛瞅着那陌生人，作成随时都可举步逃入深山的神气，但明白了面前的人无心机后，就又从从容容来完成任务了。

1980年春天，汪先生重读了《边城》（是不是因为四川文艺重印沈从文选集？）写下了很长的《沈从文和他的〈边城〉》一文。文中做了大量的引文，看来汪先生是认真读的。此文落款1980年5月20日，而《大淖记事》写成于1981年2月。因此我读到巧云"忽然回头，睁得大大的，带点吃惊而专注的神情，好像听到远处有人叫她似的"，我立即就想到"平时在渡船上遇陌生人对她有所注意时，便把光光的眼睛瞅着那陌生人，作成随时都可举步逃入深山的神气"。

汪先生在《关于〈受戒〉》一文中也说：是因为集中读了沈从文的小说，特别是沈从文笔下的少女，三三、夭夭、翠翠。这种启发是看不见，是潜在的，但是它是真实的。我想，《受戒》里的小英子是受沈先生的推动，在《大淖记事》中巧云同样也是受沈先生笔下的少女的推动。

不过，汪先生与沈先生又是多么的不同。在语言上，我甚至固执地认为，废名对汪曾祺的影响甚至超过沈从文。在观察生活的方式上，对生活中哪一类细节比较敏感上，这些，汪先生更是从废名那里来的。所以，多少年后，汪先生还说，我是受过废名影响的。废名实在是培养作家的作家。我不知道汪先生是在何时、在什么情况下邂逅废名的。但废名对他的影响是刻骨的。也许在气质上汪先生更接近于废名。汪先生是相当简洁的，废名也是。汪先生年青时有过油画般的华丽。他自己说，我年青的时候写得是很洋气的，他不认为自己是乡土文学。他说，我写得并不土气，相反我还受过西方意识流的影响。他特别说到伍尔芙。但是他的语言并不繁杂。从他年青时起，他的语言就很简洁。他选取细节的方式是中国式的，是白描式的。这一点从他二十多岁的作品中可以看出。

还是说巧云。汪先生直接在巧云身上着墨并不多，可是我们却似乎感觉着墨很多。无字处皆有字。似没有直接写巧云，而气氛中又无处不在。巧云结网织席，时时事事都在帮着衬着她。巧云要么不说话，要说话都是说在点子上的。巧云说的第一句是：

"你是个呆子！"

她是说十一子。这句话还不是说出口的，而是在心里说的。就这一句，就见了人物，见了神态——那一种少女的娇嗔的神态。

第二句是：

"晚上你到大淖东边来，我有话跟你说。"

这时的巧云已经给刘号长占有了。巧云找到十一子，说：

"晚上你到大淖东边来,我有话跟你说。"

这样的口气,几乎是命令。但这样的命令又是幸福的。巧云有把握这样说话。她这样说了。这样的语气准确极了。

巧云说的第三句话是:

"你来!"

巧云上了"鸭撇子",一点篙,撑向沙洲。她让十一子自己泅水过来,有点蛮横,有点娇嗔。十一子乖乖地游过去了。

他们在沙洲的茅草丛里一直待到月到中天。

汪先生忍不住抒情道:

"月亮真好啊!"

汪先生是很少抒情的。他说过,一切好的坏的都不要叫出来。

巧云说的第四句话是:

"十一子,十一子,你喝了!"

是十一子被打死过去后,巧云给他灌尿碱汤,巧云是在十一子的耳边说。

第五句：

"不要。抬到我家里。"

老锡匠们点点头，把十一子抬到了巧云家里。

从"你是个呆子"的娇嗔，到"不要。抬到我家里"里的决绝。只短短五句话，50个字不到，却看到了人物的成长，看到了情节的推进，人物感情和性格的变化。这很厉害啊，比那些说一大堆废话，自己也不知说些什么的作家不知要高明了多少！

感情推进到这里，一切都顺理成章了。巧云可以多说一些话了，一切都自自然然。巧云说：

"他们打你，你只要说不再进我家的门，就不打你了，你就不会吃这样大的苦了。你为什么不说？"

"你要我说么？"

"不要。"

"我知道你不要。"

"你值么？"

"我值。"

"十一子，你真好！我喜欢你！你快点好。"

"你亲我一下，我就好得快。"

"好,亲你!"

我引这一段对话其实已毫无意义,可是它实在是太美了。——不仅仅是美,是活灵活现,见人见性格。我就愿意引,你管得着吗?

汪先生自己说过,要以己少少许,胜人多多许。他还说:现代小说的特点,就一个字:短。短,是对读者的尊重,也是对自己的尊重。

汪先生说得对,是对自己的尊重。《大淖记事》留了下来,还有人在读,而那些当年红极一时的巨构宏制,到哪儿去了呢?到废纸堆里打纸浆去了。

其实,我也曾思考过,巧云的这些简明的对话,也不仅仅是作者的简洁,更重要的是你看没看清楚。看清楚了,一点就到;没看清楚,说了半天,一派胡言,也说不到点子上,浪费了笔墨,还谋杀了读者。——浪费了读者的时间,等于谋财害命。

因此,简洁,不仅仅是个文风问题,更重要的是个观察的问题。

说穿了,是一个对生活的认识问题。这也是汪曾祺的创作对我们的一个重要的启发。

二

汪曾祺是干净的。我是说的文字,读汪先生《晚饭花集》，集内诸篇，《陈小手》《金冬心》《鉴赏家》《故里杂记》……那些文字，无不收拾得干干净净，不是人为的刀砍斧削，也不是枯竭衰疲的瘦弱无力，而是饱和结实，枝摇树动。就是那种删繁就简。深秋的色彩。初冬的素洁。

干净，是我对汪先生文字的最强烈的印象。其实也是我读汪先生所有文字的感觉。在《晚饭花集》中更显突出。这种干净与孙犁有所不同，汪先生更"俏"，俊俏，挺拔，童心。孙汪可算是当代文学的双璧。阅读他们的文字，心中说不出的欢喜。他们都是中国式的，他们是汉语的守卫者，是汉语的骄傲。

《陈小手》：

> 和这个胖女人较了半天劲，累得他（陈小手）筋疲力尽。他迤里歪斜走出来，对团长拱拱手：
> "团长！恭喜您，是个男伢子，少爷！"
> 团长呲牙笑了一下，说："难为你了！——请！"
> 外边已经摆好了一桌酒席。副官陪着。陈小手喝了两盅。团长拿出二十块现大洋，往陈小手面前一送：
> "这是给你的！——别嫌少哇！"
> "太重了！太重了！"
> 喝了酒，揣上二十块现大洋，陈小手告辞了："得罪！得罪！"
> "不送你了！"

陈小手出了天王寺，跨上马。团长掏出枪来，从后面，一枪就把他打下来了。

到此还没有完。汪先生还忍不住要写（是团长忍不住）。团长说：

"我的女人，怎么能让他摸来摸去！她身上，除了我，任何男人都不许碰！这小子，太欺负人了！日他奶奶！"
团长觉得怪委屈。

有力，干净，团长的侠义和蛮横，心狠和凶残，不着一字，尽现眼底。

记得一位作家说过，作家一辈子只写两本书，第一本书写自己，第二本书写别人。可以说，汪先生永远都是在写第一本书。他的作品里都有一个我。哪怕在小说里，也有一个作为叙述者和旁观者的我。汪先生所写的，都是他熟悉的生活。他很少，或者说，从不臆想杜撰生活。汪先生自己也说，要紧紧地贴着人物去写，用自己的心，自己的全部感情。什么时候自己的感情贴不住人物，大概人物也就会"走"了，飘了。

是的，汪曾祺笔下的人和事，从来都不是想当然。通观汪先生的全部作品，可以写一本《汪曾祺传略》。他的作品大致由四大块组成：家乡高邮、昆明、张家口和北京。最重要的作品的背景，还是高邮和昆明，也就是年青时的生活印象。汪

1997年年初在云南

先生19岁离开家乡高邮,26岁离开昆明。家乡19年,昆明7年。汪先生在《七载云烟》里说:"我在云南住过七年。1939年至1946年。准确地说,只能说在昆明住了七年。"汪先生自己说过,写小说就是回忆。是的,一个作家,他的童年经验是多么的重要。可以说,童年经验决定一个作家的成就。童年是母语。童年是生命的颜色。

汪先生的短篇小说《晚饭花》:

> 李小龙的家在李家巷。
> ……………
>
> 李小龙每天放学,都经过王玉英家的门外。他都看见王玉英(他看了陈家的石榴,又看了"双窨香油,照庄发客",还会看看夏家的花木)。晚饭花开得很旺盛,它们使劲地往外开,发疯一样,喊叫着,把自己开在傍晚的空气里。浓绿的,多得不得了的绿叶子;殷红的,胭脂一样的,多得不得了的红花;非常热闹,但又很凄清。没有一点声音。在浓绿

浓绿的叶子和乱乱纷纷的红花之前，坐着一个王玉英。

这是李小龙的黄昏。……

李小龙很喜欢看王玉英，因为王玉英好看。王玉英长得很黑，但是两只眼睛很亮，牙很白。王玉英有一个很好看的身子。

红花、绿叶、黑黑的脸、明亮的眼睛、白的牙，这是李小龙天天看的一张画。

这是汪先生写的他自己。他的儿子曾问他：《晚饭花》里的李小龙是你自己吧！汪先生说是的。他说，我就像李小龙一样，喜欢随处流连，东张西望。我所写的人物都像王玉英一样，是我每天要看的一幅画。这些画幅吸引着我，使我对生活产生兴趣，使我的心柔软而充实。

是的。汪先生就是这样写作的。我现在这样分析出来，有点琐碎，有点闲散，或许还有点牵强；但这也是很有益的。因为汪先生就是这样写作的，它告诉我们，一个诚实的作家，他的作品是如何形成的。正像一位评论家曾说过的：汪曾祺的语言很奇怪，拆开来看，都很平常，放在一起，就有一种韵味。

我这样评说汪先生的作品，也是一种分拆。拆开来，再组合起来。这样看得更明白些。

汪先生也曾说过废名，说废名是一个真正很有特点的作家。废名、沈从文、汪曾祺，他们是有共通之处的。

他们实在是培养作家的作家。

三

汪先生曾对我说过:"你别看他们写得长,他们最终是不讨巧的。"

汪先生究竟何时何地对我说的,是蒲黄榆还是福州会馆,是夏天还是冬天,是晴天还是雨天,我现在一点印象没有了。但是我敢发誓,汪先生肯定对我说起过这句话。这句话也不可能来源于汪先生的文字,你翻遍《汪曾祺全集》,不可能找到这句话。汪先生倒是写过一篇短文《说短》。他也说过:"以己少少许,胜人多多许。短,是对读者的尊重,也是对自己的尊重。""短,才有风格。现代小说的风格,几乎就等于:短。"

扯起这个话题,我想首先是我的苦恼。有一个时期,我发表了一些东西。但都是极短的文字。一个小说,我连一万字都写不到,八千字都挣命,一般五六千就不错了,大多数是三四千字。一个时期,长,才能上头条,才能压得住,有力量;而短,则是配料,往往忝列刊物后面几条。而得到转载的,仍是头条的,还大多是长文。而读者呢,一般评价作品,长,代表厚重、丰富;短,呵!代表小文章,豆腐块!还是有看轻的意思,难以产生影响。汪先生自己提倡短,有机会也会竭力发表自己的文学主张,而汪先生产生影响的作品,恰恰是他较长的两篇,即《受戒》《大淖记事》。

我被这个问题所困扰,像蚕"上山"一样,"绵"在了里面,不能自拔。大约就是在这个时候,有一次我与汪先生说起了这个话题。汪先生坐在那里,依然是那个黑色皮圈的转椅,他斜侧着脸,阳光打在他略带一些卷曲的、稀疏的白发上。他下断论似的说,

"你别看他们写得长,稿费现在多拿一点。但最终是不讨巧的!"

汪先生话里的意思,我现在想来,无非有这么两层。往浅里说,他们写得长,但写得没特色,发表一次就完了;而好的作家,写得短,却写得好,还可以转载,还可以收在书里,反复去印,最终稿费还是多的。——有一回汪师母说老头出书,这一本是一二三四五,下一本是五四三二一。往深里说,你别看他们写得长,但写得粗糙,最终是留不下来的,而一个重视语言和艺术个性的作家,是不论长短的。我想他的意思,主要还是后者。

汪先生说的这句话,已经过去多年了。他也去世二十三个年头。现在又有了网络和微信,写作已成了一种大众的行为。这是他不能预见的。而我已不是过去的文学青年,写成功和不成功,对我已不重要。我的写作,已无所谓长短了。长也好,短也罢。自己尽了兴,沉浸在写作的愉快中。意尽了,文也结束了。可崇尚长文之风,现如今还不是如此吗?

而让我们高兴的,或者称奇的,是汪曾祺得到更多的读

者的喜爱。他的书越印越多。原来我是见到就买,现在各种版本太多了,我都无力再去收齐。但我见到都会去翻一翻,心中十分欢喜。

汪先生是有预见性的。他一语成谶。现在看来,汪先生真是高明的。他非常清楚自己。他看得很远。他的书很多人在读(包括新一代的年轻人)。他永远地留在了历史上了。

汪先生在《说短》一文最后说:

"我牺牲了一些字,赢得的是文体的峻洁。"

又说:"短,也是为了自己。"

我们是多么希望自己的文字流传下来啊!可是我们很难做到清醒。

我愿意这样一篇篇分析汪先生的作品,我觉得这比笼统地说汪曾祺的价值更有意义。

汪曾祺在《小说笔谈》一文中说,唯悠闲才能精细。不要着急。上面所分析的汪曾祺诸篇,都是从容写来,不急不躁。这也是一个作家的风度,写作的风度。

还是汪先生自己说的好:"解放以后,我自己认为,我是一个比较荒诞的作家。"这是他在 1994 年接受佛山大学教授杨鼎川采访时说的。汪曾祺的别致,也在这里。

2020 年 10 月 20 日改定

—— 辑二　汪曾祺的书房

汪曾祺的二十九个细节

我阅读汪曾祺三十年，或者说，研究汪曾祺这二十年，写了一些文章，但更多的是收集到不少有关汪曾祺的细节。细节总是充满活力，它不一定非得指向什么，但细节就在那里，人们听到或者看到，多半会莞尔一笑。这里我撷取二十九则，算是对这位可爱的老头儿离开我们二十周年的纪念。

一

记得有一年去汪先生家，先生拿出湖南吉首的一瓶酒（包装由黄永玉设计）给我们喝，席间汪先生说老人有三乐：一曰喝酒，二曰穿破衣裳，三曰无事可做。当时我们才三十多岁，对这句话也没有什么理解，但是回家我记在了本子上。如果不记下，早就忘了。如今回忆这句话，又多了些况味。

二

著名散文理论家、苏州大学教授范培松曾给我说过一个笑话，此笑话是作家陆文夫在世时说的。陆文夫多次说，"汪老头很抠"。陆文夫说，他们到北京开会，常要汪请客。汪总是说，没有买到活鱼，无法请。后来陆文夫他们摸准了汪曾祺的遁词，就说"不要活鱼"。可汪仍不肯请。看来汪老头不肯请，可能还"另有原因"。不过话说回来，还是俗语说得好，"好日子多重，厨子命穷"。汪先生肯定也有自己的难处。

"买不到活鱼。"现在说来已是雅谑。不过汪曾祺确实是将生活艺术化的少数作家之一。

三

汪先生的小女儿汪朝给我说过一件事。汪朝说，过去她的工厂的同事来，汪先生给人家开了门，朝里屋一声喊："汪朝，找你的！"之后就再也不露面了。她的同事说你爸爸架子真大。汪朝警告老爷子，下次要同人家打招呼。下次她的同事又来了，汪老头不但打了招呼，还在厨房忙活了半天，结果端出一盘蜂蜜小萝卜来。萝卜削了皮，切成滚刀块，上面插了牙签，边上配了一碟蜂蜜。结果同事一个没吃。汪朝抱怨说，还不如削几个苹果，小萝卜也太不值钱了。老头还挺奇怪，不服气地说："苹果有什么意思，这个多雅。"

"这个多雅。"也许这就是汪曾祺对待生活的方式。

四

有一年到汪先生家去,汪师母说了一件趣事。说前不久老汪酒喝多了。回来的路上跌了一跤。汪先生跌下之后第一个感觉就是看能不能再站起来,结果站起来了,还试着往前走了几步,"咦!没事"。汪先生自己说。回到家里,汪先生一个劲地在镜子前面左照右照,照得汪师母心里直犯嘀咕:老汪今天怎么啦!是不是有什么外遇?七十多岁满头银丝的汪师母说完这话,哈哈大笑,那个开心。其实汪先生是照照脸上皮有没有跌破。

五

听过一件事。说某文学青年偶然认识了汪先生,之后就到先生家中拜访。这是一个痴迷得有点癫狂的青年。他为了能每日聆听教诲,索性就住到了汪宅。汪宅的居所不大,他于是心甘情愿睡地下室,这样一住就是多日,每天大早就举着一把牙刷上楼敲门。有一次他还带来了儿子,老头儿还带着孩子上街去买了一只小乌龟。可是"这个青年实在是没有才华,他的东西写得实在是不行"。每次他带来稿子,都要叫老头儿给看。老头儿拿着他的稿子,回头见他不在,就小声说:"图穷匕首现。"

汪老头认为青年从事一种较艰苦的工作,很不容易。可他确实写得不好。每次带来的稿子都脏兮兮的。汪老头终于还是无法忍受,他用一种很"文学"的方式,下了逐客令——一天大早,青年又举着牙刷上楼敲门,老头打开门,堵在门口。一个门里,一个门外,老头开腔了:一、你以后不要再来了,我很忙;二、你不允许在外面说我是你的恩师,我没有你这个学生;三、你今后也不要再寄稿子来给我看。讲了三条,场面一定很尴尬。我听到这个"故事"是惊悚的,也让我出了一身冷汗。

现在说这个故事,仿佛已经是"前朝旧事"了。因为已过去几十年了,当年的青年现在也是半个老头了。希望曾经的青年读到此则,不要见怪,因为我们都爱这个老头儿,对吧。

六

得到一个重要的细节。一个重庆的记者,前年因采访一个重要节日的稿件,访问一位九十五岁高龄的叫章紫的老人。临走时老人找出一本旧影集给记者翻翻,记者竟看到章紫与汪曾祺的合影,一问,原来他们是1935年在江阴南菁中学的同学。记者于是接着采访。章紫说,我有个好朋友叫夏素芬,是一个中医的女儿,汪曾祺对她有点意思。高二有天上学,我们一进教室,就看见黑板上有人给夏素芬写了一黑板情诗,不是新诗,是旧体诗,是汪曾祺写的。汪曾祺跟大家一起看,看了之后,他自己把黑板擦了。

后来,夏素芬在江阴沦陷区,章紫在重庆读书,汪曾祺在西南联大读书。汪曾祺给章紫写了很多信。后来章紫妈妈知道她跟一个苏北男生在通信,还警告说,你爸爸不喜欢苏北人,他知道了,会不高兴的。通信的大多数内容已无法回忆,但信里面有两句话,章紫一直记忆犹新。章紫说:"有一次他在信里写了一句,我记得很深,他说,'如果我们相爱,我们就有罪了';还有一次是他的信里最后写了一句'握握你的小胖手'。当时我手胖,班上的同学都知道我的小胖手。"章紫说"'小胖手'这句我记得,是因为我的信多,看了就随便搁在桌上,同寝室女生看了,看到那一句,大家都觉得好笑"。

20世纪80年代,一次章紫去北京,到汪曾祺家里做客。章紫说:他爱人施松卿跟女儿在家。他很会做菜,做菜时他悄悄跟我说:"当年学校的事儿,不要多说。我想说的就是他跟夏素芬的事吧。"

汪先生在世时,曾说过,想写写自己的初恋,可是觉得人家还在世。如果写出来,是不是打搅了别人平静的生活?于是不愿意写。

七

1957年,汪曾祺在单位的黑板报上写了一段感想:我们在这样的生活里过了几年,已经觉得凡事都是合理的,从来不许自己的思想跳出一定的圈子,因为知道那样就会是危险的。他还给人事部门提意见,要求开放人事制度,吸收民主党派人士参加,说"人事部门几乎成了怨府"。

1958年,他写了小字报《惶惑》,说:"我爱我的国家,并且也爱党,否则我就会坐到树下去抽烟,去看天上的云。"又说:"我愿意是个疯子,可以不感觉自己的痛苦。"

八

又得到一个细节,依然很重要。一个叫陈光愣的老人,写了一个不长的短文《昨天的故事》。陈光愣1958年毕业于北京农业大学,被划为一般右派分子,分配到沙岭子农科所之后,与汪曾祺在一个政治学习小组,后期又与汪同宿舍住。陈光愣回忆:1959年,在农科所一次学习大会上,领导传达中央文件,提到毛主席提出不当国家主席,以便集中精力研究理论问题。传达完毕,汪曾祺忽然语出惊人,怀疑地说:"毛主席是不是犯了错误?"弄得四座为之失色,不知如何往下接话。幸亏在边远的张家口沙岭子的农科所,没人出来发难。所领导愣了一会儿,于是岔开话题,说:"大家的思路统一到党的指示的思路上来。"敷衍了过去。

真不知道汪老头当时是怎么想的,怎么冒出这么一句奇怪的话来。也可能人在比较高压的政治环境下面,反会说出一些匪夷所思的话来。后来我见到汪朗,把上面的这个细节说给汪朗听。他笑着说,老头儿政治上比较幼稚。

九

十多年前(2003年)到北京,一次与汪朗喝酒。大家喝得开心,都多喝了点。之后有人提议到老头儿的蒲黄榆旧居坐坐。因人多,在书房里散坐,汪朗坐在地上。大家说话,汪朗说,"文革"时,他妈妈(师母施松卿)在新华社做对外翻译,一次开会无聊,她下意识地在一句主席语录下面打了一个问号。等清醒过来,赶紧到厕所冲掉,可是还是害怕,老是怕有人监视她。过了很久也好不了。一回,汪先生中午喝了酒。撸起汗衫,躺在床上,拍着肚皮哼京剧。正哼着,头顶上的电棒管子一头忽然掉了下来,也没完全掉,另一头还插在电棒盒子里,还蹶在那晃呢!老头儿也不管,继续哼。汪师母说,你还不把汗衫放下来,上面有人监视你呢!

十

20世纪六七十年代,一次汪曾祺没事,去北京大学找过去西南联大的同学朱德熙。朱德熙不在家,等了半天,也没有回来。只有朱德熙的儿子在家里"捣鼓"无线电。汪坐在客厅里等了半天,不见人回,忽然见客厅的酒柜里还有一瓶好酒,于是便叫朱的半大的儿子，上街给他买两串铁麻雀。而汪则坐下来，打开酒，边喝边等。直到将酒喝了半瓶，也不见朱德熙回来，于是丢下半瓶酒和一串铁麻雀，对专心"捣鼓"无线电的朱的儿子大声说："这半瓶酒和一串麻雀是给你爸的。——我走了哇！"抹抹嘴，走了。

到了1987年，汪曾祺应安格尔和聂华苓之邀，到美国爱荷华参加"国际写作计划"。他经常到聂华苓家里吃饭。聂华苓家的酒和冰块放在什么地方，他都知道。有时去得早，聂华苓在厨房里忙活，安格尔在书房。汪就自己倒一杯威士忌喝起来，汪后来自己说："一边喝加了冰的威士忌，一边翻阅一大摞华文报纸，蛮惬意。"

十一

20世纪70年代，汪老头还不是老头，住在三里河一带，老邻居后来对汪朗说，总是看到你妈脚高高地跷着看外文书，而你爸——在那炒菜或干活！说20世纪80年代初期，老头博得文名，有一次酒后狂言：你们可得对我好一点，我将来可是要进文学史的。几个兄妹都大为惊奇，异口同声说：你——老头？别臭美了！

十二

人们都说汪曾祺平和,其实他骨子里是很狂的。汪先生的写作是极其认真的。一次汪师母在桌上说:"他都是想透了才写。"这时汪先生接话:"我就要写出同别人不一样的才行。别人看了,说'这个老小子还有两下子!'"又说:"刘绍棠那样的小说,我是写不好的。"

汪朝在桌上说,老头儿写《大淖记事》时,家里没地方给他写东西,老头儿总是想好了,像一只老母鸡,到处找窝。找到窝,下了蛋,才安静下来。汪朗说,他想好了一篇东西,总是吃睡不安,要写出来才安定。汪朝就说:"老爷子又有蛋了。"

十三

20世纪80年代初,《钟山》举办太湖笔会,从苏州乘船到无锡,万顷碧波,大家忘乎所以。宗璞和几个女作家在船上各打着一把遮阳伞。船快到无锡,汪曾祺忽然给宗璞递过半张香烟盒纸,上面写了一首诗:"壮游谁似冯宗璞,打伞遮阳过太湖。却看碧波千万顷,北归流入枕边书。"宗璞非常高兴,多少年都记得这首诗。

这样的游戏之作,是需要捷才的。可以说,汪曾祺是有才子气的。所以,后来才有人说,汪先生是"最后一个士大夫","中国当代最后一个文人"。这些说法,在汪曾祺身上都能找到印证。

十四

汪曾祺好像跟金钱没什么关系。他给人的印象是飘逸、雅致、冲淡。其实,老头儿是食人间烟火的,而且有的时候还很幼稚、天真,见出其可爱。

"为了你,你们,卉卉,我得多挣钱!"

"我要为卉卉挣钱!"

每每读到这两句话,我都要从内心里发出微笑。这句话出自汪曾祺的美国家书。1987年汪应聂华苓和安格尔夫妇之邀,到爱荷华参加"国际写作计划",在美生活了三个月,其间他一共写回家书二十多封。在美期间,汪接触到世界各地的作家,眼界开阔,心情舒畅,"整个人开放了"(汪家书中语)。汪自己说"我好像一个坚果,脱了外面的硬壳"。汪说上面

1987年在美国

这番话的缘由是台湾的出版社要出他的小说集,《联合报》也转载了他的小说《安乐居》《金冬心》和《黄油烙饼》等,这些都是要以美元来付稿费的。他在信中说:"我到了美国,变得更加 practical(实际),这是环境使然。"之后就说了以上的这番话。这里的"你",是他的夫人施松卿;"卉卉",则是他的孙女。汪在这句话中,充满了兴奋、自负,甚至还有一点点的自豪!人都似乎有点飘飘然了!自信得有点不知如何是好的样子。——这些话不像出自汪曾祺之口。

十五

说汪老头参加饭局之后舞会,跳起来还挺有风度,不愧在西南联大"潇洒"过几年。有时舞场上有几个姿色出众的女性,老头都会心中有数。有一回王干将其中的一位请入舞池,在人丛中跳了一圈,回来坐在老头身边,老头儿虎着脸说:"你刚才跑哪儿去了?"王干笑说:别看老头儿不动声色,美女,会引起老头注意的呢,眼睛的余光瞄着呢!

有时老头酒后,兴奋劲还没过去,走到酒店大堂,见迎宾小姐在那站着,老头走上去,带几分顽皮,将胸一挺,模仿了一下,说:"应该这样站着。"将人笑翻。

偶尔老头儿开会带着老伴,老头就不敢这么嚣张,要收敛得多。稍有出格,便会被老太太训斥,老头有一次偷偷地说:"你们以后开会,可别带着老婆。——带着老伴出差,比赶一头牛还累！"

十六

1989年汪曾祺给《工人日报》的一个全国工人作家班讲课。让他讲的题目是"小小说的创作"，他对此没有多大兴趣，就给学员讲文学与绘画的关系。有一天，还带来自己的一幅"条幅"，是一枝花，朱砂花朵三二朵，墨叶二三片，一根墨线画到底，右题一行长条款："秋色无私到草花。"有个河北籍的女学员嘴快，看了一眼就说：空了那么多，太浪费，画一大束就好了。汪先生哈哈大笑，仿佛那个女生的话一点没有扫他的兴。有个男同学问：能不能给我？汪老头抬头看看，问："处对象了吗？"——"谈了。"——"那好，就拿走吧，送给女朋友，这叫'折得花枝待美人'。"

十七

1989年汪曾祺和林斤澜受邀到徽州游玩。当地安排一个小青年程鹰陪着，第二天一早，程鹰赶到宾馆，正好汪先生已经下楼，正准备去门口的小卖部买烟，程鹰跟了过去。汪先生走近柜台，从裤子口袋里抓出一把钱，数也不数，往柜台上一推，说："买两包烟。"——程鹰说，我记得非常清楚，是上海产的"双喜"，红双喜牌。卖烟的在一把零钱中挑选了一下,拿够烟钱,又把这一堆钱往回一推,汪先生看都没看,把这一堆钱又塞回口袋,之后把一包烟往程鹰面前一推:"你一包,我一包。"

晚上程鹰陪汪、林在新安江边的大排档吃龙虾。啤酒喝到一半,林斤澜忽然说:"小程,听说你一个小说要在《花城》发?"程鹰说:"是的。"林说:"《花城》不错。"停一会儿又说:"你再认真写一个,我给你在《北京文学》发头条。"汪老头丢下酒杯,望着林:"你俗不俗?难道非要发头条?"

十八

看苏叔阳写汪先生。苏叔阳说,一次他和汪老在大连开会。会上发言中,苏叔阳讲了"骈四俪六"的话,顺口将"骈"读成"并",还将"掣肘"的"掣"读成"制",当时会上,谁也没有说什么。吃晚饭时汪先生悄悄塞给他一个条子,还嘱咐他"吃完了再看"。他偷偷溜进洗手间,展开一看,蓦地脸就红了,一股热血涌上心头。纸条上用秀丽的字写着:"骈"不读"并",读"片";空一段,又写"掣"不读"制",读"彻"。苏叔阳说他当时眼泪差一点流出来,心中那一份感激无以言说。回到餐桌,苏叔阳小声对汪先生说:"谢谢!谢谢您!"汪先生用瘦长的手指戳戳他的脸,眼中是顽童般的笑。

十九

汪先生第一次见到铁凝,走到她的跟前,笑着,慢悠悠地说:"铁凝,你的脑门上怎么一点头发也没有呀!"铁凝后来说"仿佛我是他久已认识的一个孩子"。

铁凝在《汪老教我正确写字》里写道,1992年汪先生到河北参加《长城》笔会,期间铁凝拿自己的新书送给汪先生,汪先生看了她在扉页上的签名,对她说:"铁凝,你这个铁的金字旁太潦草了,签名可以连笔,但不能连得不像个金字旁了,是不是?"铁凝后来说:"因为除了父母,还没有人能这样直率地指出我的毛病。"

二十

陈国凯说过,20世纪80年代,一次在湖南开会。餐厅吃饭,一个老头子已在那里吃了,面前放着一杯酒。主会人员向他介绍汪曾祺。汪先生看着他,哈哈一笑:

"哈,陈国凯,想不到你是这个鬼样子!"

陈国凯是第一次同汪曾祺见面,觉得这个人直言直语,没有虚词,实在可爱,也乐了:

"你想我是什么样子?"

汪先生笑:"我原来以为你长得很高大。想不到你骨瘦如柴。"

1997年年初与邵燕祥在云南

二十一

高晓声 1986 年广州、香港之行和汪先生同住一室。汪先生随身带着白酒，随时去喝。1992 年汪先生去南京，高晓声去看他。汪先生将他从头看到脚，找到老朋友似的指着高的皮鞋说："你这双皮鞋穿不破哇？"鞋是那年高晓声去香港时穿的那双，汪曾祺居然一眼认出来了。

二十二

1991 年汪曾祺参加云南笔会，同行作家李迪，戴个大墨镜,被高原太阳晒得够呛,一天下来,摘下眼镜,脸都花了,只有眼镜下面的一块是白的,其他地方都是红的。汪先生见了,说,李迪,我给你八个大字:"有镜藏眼,无地容鼻。"

二十三

同龙冬、央珍夫妇到汪先生家。汪先生同我们谈到顾城。他说,1988年他在香港见到顾城和谢烨。谢烨怀孕了。汪先生对顾城说:"谢烨好像怀孕了似的。"顾城说:"怎么'似的',就是怀孕了。"

对顾城杀妻自缢,汪先生想不通,说:"太过分了点。"又说:"其实他们在那生活挺艰苦的,一个月50美元。"又说:"据说是谢烨扭头之后砍的,从背后。"

汪先生见到央珍就很高兴,总是说"这是一个不错的女孩"。汪先生说龙冬:"找个藏族老婆。"一副挺羡慕的样子,又好像后悔自己年青的时候怎么没找个少数民族的老婆。

二十四

一回到汪先生家,汪先生在家煮什么东西,有点怪怪的味道。师母说:老汪在煮豆汁。她说:"我们一家子都反对,你去闻闻,又臭又酸。"汪老头说:"我就吃。"又说:"梅兰芳那么有钱,还吃豆汁呢!"

二十五

同龙冬、央珍到汪先生家去。见到汪先生坐在客厅的沙发里，没有开灯，较暗。师母施松卿开的门，我进去先摸了一下汪先生。他坐在沙发里，之后我掏烟给他，他说："我现在不怎么抽烟了。一天也就十支左右。"我见汪先生气色不好，脸不如以前黧黑中透红，而是黧黑中透紫。我即问先生："身体如何？"先生说："不太好，去年到医院，本来做手术，手术前进行身体全面检查，发现肝有问题。"我进一步问："什么毛病？"先生说："我也说不清楚，毛病多呢！转胺酶也高，不过不太高。"我见先生没有信心。我心里真难受。人是要老的，人老了真是一件没有办法的事情呀。

二十六

同龙冬到汪先生家。汪先生特高兴，去时他正睡着，起来，穿着睡衣走出来。一手拧我的脸，一边说："怎么？好像刚洗过海水澡。"我昨天刚从蓬莱回来，是在那洗了海水澡，还到长山县去了。长山是海岛，比较美。大海是咸的。怎么，怪了？汪先生怎么知道我刚洗过海水澡？

汪先生兴致特高，要聊要聊，我们从室外（客厅）谈到室内，到汪先生的书房。汪说，吴宓胡子长，两边永远不一样。因为吴宓胡子长得特快。左边刚剃完,才剃右边,左边长出来了。还说吴宓满脸是胡子,只有鼻尖上那么一点点不长胡子。

二十七

1996年12月全国文代会和作代会在北京召开,我那时在北京工作,请了许多作家吃饭。吃完我们赶到京西宾馆,出席作代会的北京代表团的汪先生和林斤澜都住在这里。我们找到汪先生住的楼层,他的房间门大敞着,可没有人,房间的灯都开着,就见靠门这边的台子上,有好几个酒瓶和一些乱七八糟的杯子摆着。那些酒,除白酒外,还有洋酒。汪先生人不知道跑哪儿去串门了?我们在房间站了一会儿,又到走廊上来张望。没过一会儿,汪先生跟跟跄跄地回来了,一看就已经喝高了。他见到我们,那个热情啊!招呼"坐坐坐坐",之后就开始拿杯子倒酒,"喝一点,喝一点"。他去拿个洋酒瓶,我们本来晚上已经喝过,再看他已经喝高了,还喝个

90年代初期

啥？于是抓住他的手说，不喝了不喝了，我们喝过了。只坐了一会儿，便匆匆离开了。

二十八

江苏的金实秋先生编了一本《汪曾祺诗联品读》，金先生真是功莫大焉，他不厌其烦，那么有兴趣，到处去找，收集了这么一个东西，把汪曾祺的点点滴滴（当然肯定还有遗失的）进行了梳理，编了厚厚的一本书，通过那些诗联，你发现汪先生是有"捷才"的。肚里有，又反应很快。真如黄庭坚（山谷）说秦少游的，"对客挥毫秦少游"。汪先生是可以"对客挥毫"的。

二十九

近有两首汪曾祺的逸诗被发现。其中一首是我不久前去高邮，几个朋友在湖边的渔村吃饭，席间高邮的柏乃宝对我说，他有一个熟人，知道汪曾祺有才，结婚时请汪先生给画幅画。汪老头欣然同意，没几天，老头儿叫来拿。画上是一片湖面，泊着船只，在画的一角，汪给题了四句诗：

夜深烛影长，
花开百合香。

珠湖三十六，

　　　处处宿鸳鸯。

　　"珠湖三十六"，高邮人都懂得。说高邮湖原有三十六珠湖。后来水大，漫成一片，遂成高邮湖。这首诗没有一字提到祝福，但处处体现了祝愿之意。意境之美，无以言说。得到的人和看过的人，都感到十分的温暖。我原以为在金先生的《品读》已收，回来之后，我查遍《汪曾祺诗联品读》和《补说汪曾祺》两书里的每一篇，都没有这首诗，看来肯定是逸诗无疑了。

　　这些细节能说明什么呢？它又有什么意义呢？细节总是迷人的。我想，读者自会有自己的理解，是不需要我在此多说的。我呈上这些，只是为了纪念。

2017 年 4 月 24 日

汪曾祺的书房及其他

一

今年5月16日,我正好在北京,于是便约上汪朗和龙冬夫妇,去汪先生的墓上看了看。我对汪朗说这个事时,汪朗笑说:"我们倒忘了。今天还是正日子,谢谢你们的记挂。"

上午十点,由龙冬开车,我们直奔西郊福田公墓,去看望汪先生。

十八年前的今天,汪先生离开了我们。十八年来他的作品不断被我们阅读着,仿佛他根本就没有离开我们。天气是极好的,我们总是运气不错。多年前我们也是在这样的一个好天气下去看望他的。汪老头"走"也拣一个好日子。每次去给他扫墓,都是在人间四月天,到处都是蓬勃的植物,那些鲜花都开到了绚烂的程度。墓园干净极了,十分安静,走进去感觉很好。我们绕过好些甬道,走到二组40号,来到先生和师母合葬的墓前。汪朗对老爷子说:"老头儿,龙冬和苏北来看你了。"一切还是老样子。我们将一小瓶白酒倒在墓基上，又在墓前放了两支烟。在那看了看，给墓前墓后收拾收拾，就往回走了，前后才一个多小时。

返回时，龙冬说，我们找个就近的地方吃饭，之后再到先生的生前旧居坐坐吧。我当然愿意。汪朗带我们在附近的晋阳饭庄吃了山西菜，之后便去先生的旧居。

来到福州会馆附近的一幢楼前，上了电梯，便直奔十八年前我们经常光顾的那个门号405的单元。

开开门，一切都是汪先生生前时候的模样，他的子女并没有动过，只是周末过来收拾收拾。在餐厅里，望着餐桌边墙上的那幅荷花图，还是十八年前的样子。大朵大朵的荷花，有十几朵，画面鲜艳极了。老人总是喜欢鲜艳的东西，齐白石晚年也是。过去从没有认真地欣赏过。先生去世后，也来过两次这里，可多是酒后，看了之后也没有留下印象，这一次得好好看看。总体感觉屋子太小了。这比住蒲黄榆已大了许多，可是现在看来，还是太小了。因此这幅荷花图也太小了（汪先生画时肯定是根据屋子的比例的）。在画的右手先生题了一段款：

    涉江采芙蓉，兰泽多芳草，采之欲遗谁，所思在远方。
                丙子春制 曾祺

我又拐到厨房看了看，那个厨房也才几平方米。一个水池，一个煤气灶，还有一个极小的案台。汪先生那时就这么站在厨房里做菜。不过他的菜也不多,都是家常小菜,也不需要摊开多大的场子。他是用心做菜,把小菜做出新意,有时别出心裁而已。

二

转身到书房去坐坐,坐在那把老椅子上。书房还是那样,可是我记忆已出现了差异。以前我一直以为汪先生的书不多,可坐在那瞅着墙边的四个大书橱,那四个书橱满满当当。书还是挺多的。我先大致浏览一下,古籍居多。有一套《西厢记》

苏北与汪朗兄在汪曾祺墓前

已翻烂了。他在作品中经常提到的一些书，也在书橱里。我忽然想起，何不仔细记下这些书名告诉读者，也许读者是有兴趣的。于是我便记下了这些书。

书橱里的书大致分为这么几大类：中国古典文学、外国文学、各类志怪笔记、他的老师沈从文的书、各类历史书和他自己的书，还有中国现当代文学作品，少量有关京剧和书画方面的书籍。

放在最下层（齐桌沿的这层）手口的是沈从文的书。沈先生的书有几十本，包括"全集"、"文集"、"别集"和各类单行本，摆了满满两层，数数有四五十册。

书橱的近一半都是中国古典文学，这也是汪先生藏书的最主体部分。现罗列如下：《史记》、《三国志》、《牡丹亭》（翻得很旧了，汪先生对《牡丹亭》读得很熟。他写京剧，有些非常好的句子，我猜想有可能来自《牡丹亭》和《西厢记》的启发）、《录鬼簿》（汪先生曾说过，这是一部奇书）、《秦观研究资料》、《汉书传》、《西汉会要》、《盐铁论校注》（论述盐铁专卖政策之于西汉经济财政之关系，这些书都是为写长篇小说《汉武帝》而准备的，可汪先生一个字也没有写出来）、《戚蓼生序本石头记》《李贺诗歌集注》《船山诗草》《陈与义集》《白居易集》、《李太白集》、《杜诗评注》、《全清词钞》《龚自珍全集》、《读四书大全说》、《左传选》、《文心雕龙校注》《诗品注》《东周列国志》、《聊斋汉子》（山东民间故事，由董均伦、江源夫妻创作）、《诗选与校笺》、《神话与诗》（以上两本是他的老师闻一多的著作)、《中国中古文学史》、《诗薮》、《官场现形记》、《聊斋志异》、《评注聊斋志异》(这可能是汪先生写作《聊斋新意》小说的底本)、《佛本生故事选》、《说文解字》、《桃花扇》、《白香词谱笺》、《子不语》、《岑参集校注》、《汉魏六朝百三家集题辞注》、《唐诗别裁集》、《词律》、《全清诗钞》、《陶庵梦忆·西湖梦寻》、《袁中郎随笔》、《阅微草堂笔记》、《太平广记》、《随园诗话》、《梦溪笔谈》、《笑笑录》(这些都是汪先生在书中经常提起的一些书)、《山带阁注楚辞》、《明刻本水浒传》、《李清照集校注》、《瑶华集》、《万历十五年》、《老学庵笔记》、《词律》、《秦少游研究》、《中国历代散文选》、《词诠》、《李璟李煜词》、《历代笔记概述》、《红楼梦小考》、《老子注释》、《夜雨秋灯录》(这一本,还有一本《何典》,如果我没有记错的话,是我送给汪先生的,因为《夜雨秋灯录》的作者是我同乡安徽天长人,汪先生在写家乡的一篇散文中提到过此书)、《清词》、《宋文选》、《婉约词》、《月轮山词论集》、《宋词三百首选注》、《养真集》、《历代歌咏昭君诗词选注》、《陆游选集》、《苏轼选集》、《大唐西域记》、《魏晋南北朝文学史》、《诗品集注》、《近百年名家词选》、《闽都别记》、《西游记》、《清诗话》、《历代诗话》、《古文观止》、《字源谈趣》、《唐代诗人丛考》、《先秦文学史参考资料》、《文心雕龙创作论》、《杨万里选集》、《樊川文集》、《匡谬正俗》、《君子堂日询手镜》、《洗冤录》、《读四书大全说》、《龚自珍全集》、《中华金史演义》、《陔余丛考》、《敦煌变文集》、《二十五史》、《十三经注疏》、《十三经注疏索引》、《老子解说》、《八百种古典文学著作》、《王派水浒评论集》、《古代白话小说》、《清代版刻一隅》、《明清时代商人及商业资本》、《元散曲的音乐》。这些书有成套的，有多卷的，摆了整整九格的书橱，几乎是这架二十格书橱的一半。

外国文学占了四层，主要有：《迷惘》、《吕叔湘译文集》、《伊斯兰的起义》、《茨威格小说选》、《幻灭》、《福尔赛世家》、《美国短篇小说选》、《法国短篇小说选》、《德国古典中短篇小说选》、《舅舅的梦》、《安娜·卡列尼娜》、《悲惨世界》、《一个冬天的童话》、《一千零一夜》、《俊友》、《珂赛特》、《法郎士短篇小说集》、《外国现代派作品选》（汪先生说他年青时受西方现代派影响，有的作品让人看不懂）、《大卫·科波菲尔》、《变形记》、《前夜·父与子》、《布莱希特戏剧选》、《莎士比亚全集》、《契诃夫小说选集》、《托尔斯泰传》、《奥斯丁研究》、《福地》、《青春常在》、《草叶集选》、《西伯利亚之行》、《德莱塞作品精粹》、《卡夫卡传》、《追忆似水年华》、《乞丐·窃贼》、《决斗》、《瘦子麦麦德》等。

还有两层是一些戏剧和书画方面的书。有：《中华戏剧史》、《京剧知识词典》（他在写梨园小说时会用上一些知识）、《中国十大古典悲剧集》、《中国十大古典喜剧集》、《白毛女》、《车王府曲本菁华》、《中国戏曲表演艺术辞典》、《中国四大名旦》、《梅兰芳百年祭》、《田汉戏剧选》、《宋元戏曲文物与民俗》、《演员必读》、《奚啸伯艺术生涯》、《裘盛戎艺术评论集》、《中国京剧史》。书画类的有：《八大山人书画集》《中国书法简论》、

《中国书法全集》、《中国古代建筑》、《故宫博物院藏宝录》、《中国版画集》、《中国当代书法大观》、《中国古典园林史》、《启功韵语》。

边上另有一架书橱,是一些现当代文学的书籍,主要是小说和散文,包括:《鲁迅小说散文集》《鲁迅书信集》《中国现代短篇小说》《建国以来短篇小说》《中国当代散文精华》《中国当代散文选》《京派小说选》《1983年短篇小说选》《1985年短篇小说选》《中国小说1986》《八十年代散文精选》《1991—1993年散文选》《中国当代短篇小说选》《名家经典散文选》《中国散文经典》《三人行名家散文精品系列》《中国当代作家面面观》《中国新文学大系》《京味小说八家》。

余下的就是他自己的书,都是生前出版的作品,主要有:《汪曾祺短篇小说选》《晚饭花集》《晚翠文谈》《菰蒲深处》《塔上随笔》《矮纸集》《草花集》《独坐小品》《旅食集》《去年属马》《中国当代才子书·汪曾祺卷》《榆树村杂记》《汪曾祺散文选集》《汪曾祺自选集》等。

这些藏书只是一个面貌,并不是说汪先生只读了这些书,或者这些书汪先生每本都读过。可是从这些藏书能透露出很多信息,他喜欢中国古典文学作品,对笔记和方志类的东西很有兴趣。他对古典诗词也相当熟悉,所以他的题画诗都那么充满意趣。

从这些藏书也可以看出,汪先生读书很杂。他自己说过,从大学时期,就喜好乱看杂书。在西南联大时,他就是出了名的夜猫子。他曾说：有时图书馆就剩我一个人。他看书的习惯是随便翻翻，喜欢的就看，不喜欢的翻翻就丢下。他从昆明到上海，或后来到了北京，总是在阅读和写作中。居京几十年，不管是在《北京文艺》《说说唱唱》，还是后来到《民间文学》，以至打成右派到张家口，回京之后的京剧院，他这七十七年的生涯中，书是没有丢过的。可以说，读书、喝酒、做菜，是他一生的爱好。特别是在京剧院的十多年，因家里房子实在太小，他在京剧院有一间临时休息的房子。我想，那一段日子是他最惬意的日子。他可以一个人安安静静地看书。京剧院本来就有图书室，又仿佛回到大学时期，有空就可以借，一次可以借好几本。如果你有心去找找，可能现在北京京剧院图书馆的借书卡上，还有许多汪曾祺的签名。那里的许多书籍，都留下了汪曾祺的痕迹。汪先生的大公子汪朗，去年在《三联生活周刊》上写了一篇文章，标题就叫"老头儿三杂"：看杂书、写杂文、吃杂食。此言极是也。

岁月真快哪，老头离开这个房子已经是十八个年头了，离开这些书柜和这个书桌也已经十八个年头。想想跟老头在一起的日子，我们才三十多岁。那是多么快乐的岁月。

三

十多年来，我不时在网上搜搜有关汪先生的消息。总是会有一些惊喜。近来又有两文，颇让我心跳加速，一个是

《江南》主编袁敏发在《文汇报》上的《淡泊杏花图》，是近年来少有的新鲜之文。文中写道，有一年她带着不满一岁的儿子去拜访汪先生，刚进门，汪老头便迎了出来，脱口就说：今天是小猴拜老猴。袁敏很是纳闷，儿子第一次来。他怎么知道儿子属猴？而且，袁敏也不知道汪先生是属猴的呀！一句话，让袁敏心里热乎乎的。这也是老头子的一贯风格。他话不多，可特别有心，有时冒出一两句话，能让你记得一辈子。中午留饭，老头儿为她儿子专门炖了鸡蛋羹。老头抱过儿子来喂，才一口，儿子便泚了老头儿一裤子的尿。袁敏一脸的歉意，可老头儿却乐呵呵的，爽朗地说："想尿就尿，男子汉大丈夫，好！"弄得她九个月大的儿子也咧嘴咯咯地笑了。

　　袁敏特别敏锐，观察到桌上的两个菜是早餐桌上剩下的一根油条和半边咸鸭蛋加工的：一个做成了汪老头自个儿发明的"塞馅回锅油条"，这如今已成了汪氏名菜；另一个放在了黑酱瓜炒老豆腐里（红心鸭蛋剁碎加入其中）。这便是汪老头做菜的别致之处，他并不用大料，只是在一些家常的菜上用心，稍有些创意，即所谓之名士菜。

　　尤为重要的是，袁敏告诉了我们，汪先生去世前准备去参加的"环太湖女作家笔会"是由浙江湖州的《南太湖》杂志举办的，而邀请人正是袁敏。（记得当年我去先生家，汪先生对我说，过几时还要去参加一个女作家笔会，汪老头还开玩笑地说：都是女作家，我这个老头去干什么？对方回答：女作家想见见这个老头儿！汪先生说完嘎嘎地笑：一个老头有什么可见的!)袁敏当然是受人之托,汪先生刚开始是拒绝的。因为他刚从四川的宜宾回来,已累得疲惫不堪,袁敏于是电话告诉对方:汪先生去不了。可对方十分想汪先生能参加,就说,还专门给他特制了手工的湖笔呢。袁敏又转来告诉汪。汪先生犹豫了,最终答应去。可当天夜里老头儿便被送进了医院,食道静脉曲张破裂,引起大出血,没几天老头儿便撒手西归了。

值得一说的是,汪老头那天送给袁敏的一幅《杏花图》,实在是汪先生画作之中的精品。我看了这幅作品的彩色图片,真是口水飞流三千尺。整幅作品画面简洁,清俊淡逸。两根枯瘦的梅枝,交叉支立向上,曲折有度,其上端添了小枝少许,最让我眼亮的是枝头点了无数淡红色的点,洇得浓浓淡淡,代表枝头的梅花。还点少量的绿色墨点,表示尚有几枚绿叶挂在枝头,所有的红绿墨点均向一个方向撒去,看上去仿佛枝头有风,落红正欲飘下枝头。满纸氤氲,水汽淋漓。可以说韵致生动,墨趣多多。画面的右下角,留有一处空白,于是题上:小楼一夜听春雨,深巷明朝卖杏花。丁丑,春杏放花。曾祺。

我久久注视着这幅还没有上裱的作品,眼馋之极,想袁敏真是有福。汪老头爱美,对年青女性尤其好。这也可见一斑也。

袁敏文中补记的一笔也颇可爱。汪先生之前为不能参加笔会感到歉意,便为《南太湖》的主请人马雪梅画了一幅画,所画为《雪地红梅》,正好把马雪梅的名字寓意镶入其中。袁敏写道:"我当时还略有点妒忌之意,似乎比我这幅更用心呢!"这个细节甚俊,将年青的女性(那时袁敏才三十岁左右)的小心眼和盘托出,如今写来,更又是另一番趣味了。

另一文更让我惊奇。一个重庆的95岁的老太太章紫,竟然是汪曾祺在江阴中学借读时的同学,对汪先生高中时的事情知道得甚多。

这篇文章甚是蹊跷,采访章紫的记者,本来是想请老人回忆一些民国的往事。这位章老太,祖父是光绪年间的进士,当过翰林院的编修,父亲章斌是江阴南菁中学的教务长,后任私立无锡中学校长。章紫的母亲王伊荃曾是张元济家的家庭教师。这是一个典型的世家。抗战时章紫在重庆学医,后在重大理学院工作,1949年后在重庆皮胶厂当工程师。记者采访将近结束时,老太太忽然翻出一本影集,指着一个人对记者说,这是我的一个同学。记者仔细一看,这不是作家汪曾祺吗?话题于是重新开始,她竟是汪曾祺江阴南菁中学的同班同学,对汪曾祺青少年的事情了解甚多,特别是关于汪先生在江阴中学的一段恋爱,她道出了原委(这件事可是汪曾祺讳莫如深的事情)。汪先生有一篇散文叫《果蔬秋浓》,里面《水果店》一篇是这么写的:

> 江阴有几家水果店,最大的是正街正对寿山公园的一家,水果多,个大,饱满,新鲜。一进门,扑鼻而来的是浓浓的水果香。最突出的是香蕉的甜香。这香味不是时有时

无,时浓时淡,一阵一阵的,而是从早到晚都是这么香,一种长在的、永恒的香。香透肺腑,令人欲醉。

我后来到过很多地方,走进过很多水果店,都没有这家水果店的浓厚的果香。这家水果店的香味使我常常想起,永远不忘。

那年我正在恋爱,初恋。

不是别的水果店没有这家香,是因为初恋的感觉很特别。不是忘不了这家水果的香味,而是忘不了那萦怀的初恋。

汪师母原来也对我们略略说起过这件事。汪老头本来想写写那段恋爱生活,可是当事人还在世,觉得写出来伤害了人家。后来汪先生的三个子女在《老头儿汪曾祺》中也写到过。可惜汪先生没能等到写出此段生活的日子,终成了一桩憾事。

章老太太的这段回忆,多少让我们知道了这一段岁月的原委。看看年青的汪曾祺,还真是让人哭笑不得的。现录上章紫老人的回忆,我们共同分享。

章紫说:他是苏北高邮人,我们学校有名,苏北人就慕名而来。抗战前,1935年,我们高中同学两年,苏北人嘛,也不大瞧得起他。我有个好友叫夏素芬,是一个中医的女儿,汪曾祺对她有点意思。高二有天上学,我们一进教室,就看见黑板上有人给夏素芬写了一黑板情诗,不是新诗,是旧体诗,是汪曾祺写的。他跟我们一起看,看了之后,他自己把黑板擦了。当时不开放,学校不赞成这种事。他成绩不好,人也不帅,性格也不见活跃,但还是有才华。

汪曾祺到昆明后与章紫通了很多年的信。章紫说:"夏素芬在江阴沦陷区,我在重庆读书,汪曾祺在西南联大读书。我们都出来了,读大学嘛很无聊,就写了很多信,他跟我写得要多些。妈妈知道我跟一个苏北男生在通信,还警告说,你爸爸不喜欢苏北人,他知道了,会不高兴的。通信的内容,反正是大学生嘛,天南海北,瞎扯一通,我都记不起了。"

但汪曾祺在信里面有两句话,章紫一直记忆犹新。章紫说:"有一次他在信里写了一句,我记得很深,他说,'如果我们相爱,我们就有罪了';还有一次是他的信里最后写了一句'握握你的小胖手'。当时我手胖,班上的同学都知道我的小胖手。我们通信多,但我们并没谈恋爱。他这句话都这么说了,我们确实没相爱没谈过恋爱。'小胖手'这句我记得,是因为我的信多,看了就随便搁在桌上,同寝室女生看了,看到那一句,大家都觉得好笑。"

多年以后,章紫到北京,在汪曾祺家里,汪曾祺握着章紫的手,就是当年在信里隔空而握的"小胖手"。此时,1980年开始名满天下的汪老头,已垂垂老矣。章紫说:"那一年我到北京去他家里做客,他住在蒲黄榆路,他爱人施松卿跟女儿在家。他很会做菜,做菜时他悄悄跟我说:'当年学校的事儿,不要多说。'我想说的就是他跟夏素芬的事吧。"

章老太太说,她和汪曾祺通过有几十封信,可惜一封都没保存,章老太说:"因为我爱看书,就看到他写的文章,就晓得他后来那么有名。夏素芬也晓得的。我们一个同学是医生,还告诉我说,解放后,汪曾祺的父亲,在镇江医院挂号。"

老太太最后若有所思:"汪曾祺给我写的信,全都弄丢了,我哪晓得他后来那么有名呢?可是丢了就丢了,无所谓。当时同学写信多,都无所谓,都丢了。"

章紫跟汪曾祺同岁,都是1920年生人。记者最后问她:汪曾祺在学校有没有什么外号?章老太太哈哈大笑,之后用吴侬软语说:"汪癞子!就是癞痢头!"

看看这是多么生动美妙的回忆。谁能编出这么缜密的细节。我们每个人都有童年,每个人都有年青的时候。这是多么温暖的回忆啊。

唉!想想汪老头已经离开我们十八个年头了。要是他还在世,也是95岁的年纪。他若听到章紫的回忆,又是什么感受呢?可是奇怪的是,这么些年来,汪曾祺的面目非但不是越来越模糊,反倒是越来越清晰。这也是这个老头的魅力所在吧。他当年所写过或所说过的事情,被一些当年的亲历者所发掘,形成互证,使一个立体的汪曾祺逐渐呈现在我们面前。

2015年6月25—30日

原刊《芳草》2015年第6期

汪曾祺的三所大学

除家乡外,汪曾祺一生待的最长的就三个地方:昆明、北京和张家口。家乡给了他童年记忆,而昆明、北京和张家口却给了他经历、见识和人生教育。也可以说,这是他人生的三所大学。

汪曾祺毕业于西南联大,这是大家都晓得的。这是他的第一所大学。西南联大学制四年,汪曾祺却读了五年,因为他的体育和英语不及格,不能毕业,又留了一年。我们知道,汪曾祺在学校是个不用功的学生。泡茶馆,跑图书馆,可"不爱上课"(汪曾祺自语)。喜欢的就听,不喜欢的就不听。比如朱自清的课,他就不听,他自己说:"朱自清教我们宋词。他上课时带一沓卡片。一张一张地讲。我老是缺课,因此朱先生对我印象不佳。"汪不上课,不代表不读书。他是个夜猫子。晚上在图书馆或茶馆读书,白天睡觉。他曾写过一个历史系的同学,同他住上下铺,可一学期下来几乎没见过面。那是一个极其正常的人,白天上课,晚上早睡早起;而汪黑白颠倒。因此汪回来该同学上课去了。汪泡图书馆是有名的,他说"常不上课,但乱七八糟看了不少书。有一个时期每天晚上到系图书馆去看书。有时只有我一个人"。

在西南联大,汪曾祺认识了沈从文,成了沈先生的入室弟子。他还认识了朱自清、刘文典、闻一多、唐兰、陈梦家、罗常培……受了西方现代派的影响,读了A.纪德、萨特、弗吉尼亚·伍尔芙、契诃夫、阿左林和普鲁斯特的作品。他读了很多书,他开始写作并发表作品。这是汪曾祺人生方向的开始,注定了他这一生要成为一个作家。用他自己的话说:"如果我现在还算一个写小说的人,那么我这个小说家是在昆明的茶馆里泡出来的。"

汪曾祺在昆明先后待了七年。五年读书,两年教书。他曾写过一篇散文《七载云烟》,详细叙述当年的情况。这七年,是他人生最美妙的七年,又年轻,又无牵挂。除了读书,就是游荡(不是贬义)。在昆明,他还至少恋爱了两次,有一次因为失恋,睡在床上不吃不喝两天。当然,也有过一个时期,贫困潦倒,连吃饭的钱都没有。但精神上,却是极其自由的。可以说,汪曾祺世界观的形成,这是一个极其重要的阶段。他自己说,我接受影响最深的、使我成为这样一个人的地方,是西南联大。他在《七载云烟》的文尾说得更明了:西南联大使我"接受了民主思想,呼吸到独立思考、学术自由的空气"。

十年前我曾到昆明寻访,走了老昆明的文林街、护国路、华山西路、南屏路和凤翥街。在昆明，我正巧住在护国路上，正是汪曾祺在《昆明菜》一文中提到的老馆子东月楼的附近。在这家招待所的食堂，我吃了牛肝菌、炒饵块、宣威火腿和汽锅鸡。至今我还不忘汽锅鸡，汤清如水，而味极鲜也。我喝了满满一大碗！牛肝菌入口极细滑，滋味却甚浓。晚上，在翠湖边上的一家名为"一壶春"的茶楼，喝了一回酽酽的普洱茶。这样的行走，我是带了一本汪曾祺的《五味》。一本《五味》，其实多为昆明吃食，由此也可见，汪曾祺对昆明印象之深，感情之浓厚。

1991年在故乡高邮的运河上

第二所大学是在《民间文学》和《说说唱唱》工作期间"上"的。汪本来就对民俗和烟火生活有热情，对年节、时令、对联，包括花草植物等，都有很浓厚的兴趣。他1945年写出长篇散文《花园》，那时他才25岁，就已掌握了那么多植物的知识，而且充分显示出文学的才能。而《民间文学》和《说说唱唱》，是由老舍和赵树理主持的。这两位前辈对汪曾祺产生了较大的影响是无疑的。不管是人格还是创作上，都留下了人生难得的一课。汪后来写的《老舍先生》和《赵树理同志二三事》，都充满感情。在《民间文学》和《说说唱唱》，汪接触的多为民间的东西，使他对汉语的中国气派多了一份崇敬。汪在《自报家门》中说："我对民间文学是很有感情的。民间故事丰富的想象和农民式的幽默，民歌比喻的新鲜和韵律的精巧使我惊奇不置。"汪晚年在谈语言时，也多引用各地民歌，他曾对一首甘肃的"花儿"（"今年来了，我是跟您要着哪，明年来了，我是手里抱着哪，咯咯嘎嘎地笑着哪。"）感叹不已，认为简直就是"祷告辞"。他还引用过一首湖南民歌："赤脚双双来插田，低头看见水中天。行行插得齐齐整，退步原来是向前。"也极为欣赏。

第三所大学是他下放张家口沙岭子农业科学研究所的时候"上"的。他自己说："我和农民一道干活，一起吃住，晚上被窝挨被窝睡在一铺大炕上，我这才比较切近地观察农民，比较知道中国的农村，中国的农民是怎么一回事。"（林斤澜曾说："汪曾祺写右派生活，几无凄苦。倒落笔在下放劳动中，深入底层，接触民情的多种情趣。"）那个时期又是他读书最认真的日子。在农科所他读了大量古典文学，包括《梦溪笔谈》《十架斋养新录》《四史》《癸巳类稿》《分门集注杜工部诗》等，并且在以后写出了《葡萄月令》《寂寞与温暖》《黄油烙饼》《羊舍一夕》等多篇作品。他自己说："我自成年后，读书读得最专心的要算在沽源这一段时候。"是的，人在背霉的时候，生命处在人生的低潮，往往心更静。读书最重要的是什么？心静。

张家口这所大学是刻骨铭心的。说张家口改变了汪曾祺的性格有点夸张，但张家口这所大学对汪曾祺后半生的影响是深远而弥久的。汪曾祺原同事萧甲说起他从张家口回到北京工作后的情景：在京剧团，"汪比较谨慎、谦虚。据说解放初时是比较傲的"。同事梁清廉说到他："那几年，他战战兢兢，就像一个大动物似的苦熬着。"张家口回来之后，他人变得谨慎了，真正尝到政治运动的厉害。

有一个细节，颇能说明汪在20世纪六七十年代的生命状态（那是他四五十岁的年龄，最好的时光呀！）：夏天的黄昏，喝了酒，在简陋的家里，躺在床上，拍着肚子哼歌，哼着哼着，忽然电棒（日光灯）一头掉了下来，他看了一眼，毫不理会，接着哼……

当然，他不可能仅仅是这样地生活，否则他不成了刘伶了吗？他得写样板戏：写来写去，改来改去，深入生活，给剧本的演出写字幕，给剧本补写舞台提示；业余时间的"娱乐"，就是喝喝酒，读读《本草纲目》《植物名实图考长编》，研究昆虫植物，同时写一点这方面的诗，也不发表（他自己说：不能拿出去发表，那是要我倒霉的），只寄给老同学看看。他不是给朱德熙写信么："我准备写若干首，总名曰《草木虫鱼》。"（我想，给朱德熙，一定是他最快乐的一件事情！）

总之,还得活着。

20世纪80年代后期,汪因小说《受戒》《大淖记事》,暴得大名,性格也稍有放开,但已不可能像年轻的时候那样自由舒展了。1988年,他在美国参加国际写作计划,写信回来给老伴说:"我到这里真好像变了一个人。整个人开放了。我好像一个坚果,脱了外面的硬壳。"

这些游丝一样的细节,可以看出一个人的变化,一个人内心的微妙变化。挫折教育一个人,也悄悄地改变一个人。正如汪曾祺自己晚年在《随遇而安》中说的,"要恢复年轻时的天真的热情,恐怕是很难了。……受过伤的心,总是有瘘的。人的心,是脆的"。

昆明、北京、张家口,这三所大学,几乎贯穿了汪的一生。昆明以后的经历,其实是社会大学。但这很重要。其实人的一生都在"上学",如沈从文先生所说,"去上社会那所永远无从毕业的大学"。

还有可说的,是汪曾祺受到了较好的童年教育。他的小学、中学,都很完整。19岁前,汪曾祺在家乡读桐城派古文,读归有光,临《圭峰碑》《麻姑仙坛记》(他在散文《夏天》中写道:夏天的早晨真舒服,写大字一张,读古文一篇。夏天的早晨真舒服。),捉蟋蟀,放风筝,画画。可以说,他有一个快乐而充实的童年(虽然很小便失去了生母,但这也可能促成一颗更敏感的心灵)。这些,对一个作家是十分重要的,那是一个作家的母语，一个作家的"童年经验"。

　　孙郁说，人们只知道汪曾祺厉害，却不知道他何以厉害。汪曾祺文笔中有许多"暗功夫"，他是从古典和乡土中缓缓而来，从大众和民间提取诗意，这样的作家"百年之中，不过寥寥数人耳。"(《汪曾祺闲录》)

　　汪曾祺之所以成为汪曾祺，我想与他一生所经历的这三段生活有极大关系。可以说，没有这三所大学，就没有后来的汪曾祺。汪氏文风的形成，正如汪自己喜欢引用的一首内蒙古民歌所说：鸟飞在天上，影子落在地下。

　　汪曾祺绝不是空穴来风，是有迹可寻的。

2014年3月16日至4月2日

汪曾祺的签名本

汪先生真是个好老头。他去世这么多年了,影响力还那么大,生卒的纪念日总还有人记得他,为他举办纪念活动,家乡为他扩建文学馆。这些年来,一些学者和文学爱好者不断研究和挖掘他的史料,也收集到不少他的趣闻和故事。但是这些趣闻都是有益的、温暖的。

他生前有诗云:"写作颇勤快,人间送小温。"他的确是做到了。

作为文人,汪先生"送小温"的方式也是颇具文学性的。除了为人亲切、平和、冲淡和有趣之外,我归纳大致有这么独特的三点:一曰做饭,二曰赠书,三曰作序。汪先生是美食家,喜欢写美文、做美食(他不是发明了著名的"塞馅回锅油条"么),这些大家都是知道的。汪先生曾"自喜":"别人说我的序写得还是不错的。"(看看!他还借别人之口)——当然,这话他是对美丽的藏妞央珍说的。但如若较真考究起来,汪先生的序言的确写得不错。他不是特别推崇李健吾吗?是的，他的序同李健吾先生的书评一样，其实都是美文。关于这一点，我曾撰有《汪曾祺的序言》一文，这里且不去论它了。本文要说的是汪曾祺的签名本，亦即赠书，或者推而广之，包括他赠送字画。

汪先生是没把自己的字画当回事的。"我的画其实没有什么看头，只是因为是作家的画，比较别致而已。"这是他在《自得其乐》一文中说的。他写字画画，从不收钱，曾经有人给他寄过钱，他都如数退回了，还按别人的要求把画好的画寄过去。过去我的回忆文章中说过，有时我们去，临走了，汪师母说，老汪，你刚出的某某书还没有送他们呢。汪先生会摸摸索索的，摸出两本，签上名递给我们。记得有一回，我把我陆续购买的先生的书带过去，请他都给签上，大约有三四本吧。后来这些书也有丢失的。我那时住筒子楼，一家三口只一间屋子。平时门都是敞着的，同事随便进出，也就不知给哪一位拿去看了。先生送我的书，我手头还有几本。第一本是《蒲桥集》（作家出版社，1989年3月第一版）。汪先生在扉页上题"赠立新，汪曾祺，1989年7月"（签的我的学名），那时我从县里到北京进修，一次去先生家，先生给的。第二本《旅食集》是1992年的事了。我已回到天长工作，是师母施松卿给寄到县里去的。书上题："赠立新，汪曾祺，1992年11月"。1993年初我到北京工作，接触先生机会便多了。之后的几年，先生送我的书，应该有好几本，但有些丢了，有些完全不记得了。手头还有一本《独坐小品》（宁夏人民出版社，1996年

11月第一版），是1997年1月送我的。

我收藏的汪先生的签名本，最有价值和意义的，是《汪曾祺散文选集》。这是汪先生生前送我的最后一本书。他在书的扉页题道："苏北存。曾祺。1997年5月。"得到这本书离汪先生离世仅仅一周时间。1997年5月9日，我带孩子到先生家去并在那里吃了饭，临走时先生送了这本书。这本书的前后空白页给我写满了字，在书后的空白处，我记下了当天去的日期："9日同陈浅到汪先生家去。"而在书的前面的扉页上，我记下了送别汪先生的情景："今天送完这个人。这个人真的作古了。他不是去出差，也不是我们忙不去看他。而是我们永远见不到他了。他永远不可能再同我们说话了，请教他有关问题，听他说一些有趣的事了……5月28日晚记之。"

我现在偶尔翻看我珍藏的这些签名本，看看那些题签，字都十分清秀。不像现在收到的一些赠书，要么龙飞凤舞写满扉页，要么几个字米粒大小缩在书边。看先生的这些题款，同欣赏书法和艺术品一样，的确给人美的享受。

汪先生偶尔也会对自己书的装帧谈一些看法。他曾送我一本沈阳出版社编的"当代散文大系"《汪曾祺散文随笔选集》（1993年6月第一版），书的封面是亚光的奶白色，仿佛还压了暗纹，摸上去手感很好。只是书的右下角画了一个葫芦，一个老头袖手蜷腿缩在葫芦里，他给我题了"我并不总是坐在葫芦里"。当时我吃吃地笑了，这么好的设计，他还调侃。（版权页上注此书设计者为李老十），可惜这本书被我弄丢了。几年前到大连出差，在一个山窝窝里的作家村里，淘回一本，可惜再也补不了题签了。浙江文艺出版社1993年出的他的《菰蒲深处》（小说集），是红色封面，书的顶端画了一只小船，船上和水中站着（游着）几只鸭子，一个船夫在划着船，左下似剪纸似的刻了一男一女抬着一箩筐，筐里坐着一个留头的娃娃，他讽刺说："像个儿童文学。"

他曾对漓江出版社的《汪曾祺自选集》（1987年10月第一版）发表过一通很妙的议论。他刚拿到此书时，对送书上门的聂震宁说："蓝配紫，臭狗屎。"（此书封面淡紫色，而书名中"自选集"三个大字却是绿蓝色的）。聂震宁回说："臭狗屎就臭狗屎，反正书是好书。"这本书初版本才印两千册，弄得汪先生还怕出版社亏本，给家乡高邮的官员写信，看家乡新华书店可否能订一点，以解出版社之忧。仅此小事，也可见出汪先生的善良和善解人意，许多时候，他总是为别人着想的。我手头的这本"自选集"，就是购于高邮县新华书店，时间是1988年10月。

这二十年来——先生去世二十年了！我陆陆续续写了《忆·读汪曾祺》和《汪曾祺闲话》两本书，通过对先生作品的细读和一些交往的回顾，逐步加深了对先生的了解。汪先生可以说是一个非常清醒的作家，或者说，是一个有着非常强烈主体意识的作家。他对自己的认识非常清楚。他知道怎样写才更加是自己的，才是有独特风格的。他表面随和，其实内心极其自负，他能看得上的作家并不多。

我知道，有许多朋友手头都有汪先生的签名本。我可以列出一长串名单。这些名单在两本关于汪先生的纪念文集：《你好，汪曾祺》和《永远的汪曾祺》中都能找到，黄裳、范用、邓友梅、铁凝、王安忆……他20世纪80年代初，送人书还用毛笔题签，显得很郑重。高邮金实秋是汪先生的同乡，在1982年出版的《汪曾祺短篇小说选》上，汪先生赠书题曰，"赠实秋同志，曾祺"，几个大字，字虽为行楷，但可以看出写得很安静，稳健中透着清秀。他给香港古剑的一本《晚翠文谈》，亦为毛笔所题："古剑兄教，曾祺，85年10月寄自北京。"看笔迹，小楷俊逸，饱满有力，有明人气象。正如他自己所言："似明人笔意。"（汪先生1983年画过一幅水仙，边款题：高邮汪曾祺，时年六十三，手不战，气不喘）

到20世纪90年代，汪先生大名已如日中天，走到哪里，已很有一些崇拜者，则不大见到用毛笔题签了。肖复兴曾说过，一次在北京朝阳公园搞活动，汪先生在场。肖复兴的儿子，小

做菜待客

小年纪，却喜欢上汪曾祺，于是便带上两本汪先生的书，请他题个字。在《蒲桥集》上，汪先生写下"朝阳初日，萧铁闲看"，这是一份特别定制。作家王干很早就认识汪先生。王干兴化人，也曾在高邮工作，与汪先生也算是小同乡，一回汪先生送王干一本《释迦牟尼传》（江苏教育出版社1992年版），则题"王干同参"四个大字。王干多少年琢磨不透"同参"何意，一次饭局聊天说起，大家七嘴八舌，想"同参"可能是佛教用语，大约离不了同拜之意吧。汪先生总会这样，根据题赠对象的身份特点，写上那么两句，也别有新意，使受赠人心中欢喜。

我有幸能拥有汪先生的这些签名本。我珍爱我收藏的这些签名本。我知道这些字迹现在已十分珍贵了。我有时翻开这些书中的签名，看着那些字迹，如晤先生本人，真是非常怀念他。

2017年8月23日晨

今天我们读汪曾祺读什么?

我喜欢汪曾祺有三十多年了。当然,除了我还有很多人喜欢汪先生。我在学习和研究汪先生的这些年里,也发现了许多同好。有个叫狄源沧的老先生,喜欢汪先生,他写过一首诗,写在北师大版汪曾祺全集的书页上的:

喝茶爱喝洞顶乌,
看书只看汪曾祺。
不是世间无佳品,
稍逊一筹(不过瘾)。

"不过瘾"三个字原来是没有的,老先生在书角写了"稍逊一筹"就无下文,这三个字,是我给加上去的,典型的续貂。

对汪曾祺先生,我初步有这么几点认识。

第一、汪先生是一个不一样的作家,或者说,是一个特

别的作家。他喜欢的作家,他推荐的作家,跟别人都不一样,别人是托尔斯泰、巴尔扎克、狄更斯……而他是归有光、阿左林(西班牙的)、废名。当然他也喜欢周氏兄弟(鲁迅、周作人)。老师沈从文也是不用说的。但总体来说,他喜欢的作家都是有点特别的。是一些风格明显、与众不同的。特别是废名、阿左林,汪先生可以说特别特别欣赏。当然他也受到了他们的很大影响。他喜欢的好像都是小众的,阅读的人不多的,或者说是边缘的。

前两天在手机上,看到有平台转的汪先生的小说《陈小手》和《钓鱼的医生》。因为很熟悉,又短。在手机上又看了一遍。看完我忽然想到,汪先生真是一个预言家。他在生前多次说过,现代小说的特点,只有一个字:短。短是对读者的尊重;短,也是对作家自己的尊重。他又说过,我牺牲了一些字,却赢得了文章的俊洁。他生前跟我们聊天也说过,你别看他们写得长,最终是不讨巧的。他原来只是这么说:现代生活节奏快,读小说的是工人、农民、汽车司机,只有抓点空闲,一边吃着汉堡包,一边看小说。

汪先生没有想到,现在却是手机时代、微信时代了。人们是一边吃着水果(水果忽然成为许多女士的晚餐),一边刷手机。汪先生的绝大部分文章,都可以在手机上看,因为都很短。我忽然又想到,汪先生去世后,从温热、较热、大热、暴热……可能真与他预测的现代社会小说(当然包括散文)唯一特征——短,有关系。

当然，这也只是一个因素，不能是因为短，读者就喜欢看。更主要的，还是汪先生写得好、写得妙。汪先生写得为什么好，为什么妙呢？这也是汪先生自己的理论：我认为要把文章写得好，最好的办法是：能不说的话尽量不说。他说，现在的小说之所以长，是很多作家，把一些不相干的话、事，可写可不写的，都写了进去。不但使文章显得冗长，而且写得太满，使读者想象的东西少了。他说，要相信读者的聪明，你没有写出来的，读者会根据自己的经验，去补充，去完善。这样才有嚼头、才有味、才好看。这大约也是汪先生迷人的原因之一。

他的写人的、写花草的、写吃的……都写得津津有味，我们读得也津津有味，不厌。所以有的反复读，也快乐。他一生写的并不多。可是给我们感觉，好像很多。

为什么我们今天要读汪曾祺呢？

理由就是：特别。

这是有根据的。1994 年 12 月 13 日，汪曾祺在接受同乡亲戚、佛山大学教授杨鼎川访问时，他说过一句话：我自己认为，我是一个比较荒诞的作家。（其实，他的特别，也使他一生很寂寞，他与流行色不靠，理解他、能认识到他的人，在他生前，并不是很多。）

汪先生也对我们说过，别人写过的，他不写。他也说过：我只会这样写。他曾经倔强地说过：我与我周旋久，宁做我。即如姜白石所言：人所常言，我寡言之。

汪先生是欣赏"扬州八怪"的。他欣赏他们的"怪","特别"。他1986年10月28日在扬州笔会采风,一个扬州的作者给了他一篇小说看,他看后给这位同乡写了一封信。信即是一篇短文,题目叫《说"怪"》。他说:我只想说什么叫"怪"。很简单。怪就是充分表现个性,别出心裁,有独创性。我希望扬州写小说的同志能够继承八怪传统的这一方面,尽量和别人不一样。

汪先生这是在说别人,也是在说自己。

第二,汪曾祺是一个有天赋的作家。汪先生早期的一些作品,原来能见到的不多。他去世后,有专家从旧报纸中找了许多出来,使汪曾祺青年时的形象更加丰满,原来他青年的时候写了那么多东西!从他青年时写的文字,可以看出他极富才华,而且语言感觉极好。一个作家对语言的感觉,可能是一个作家有没有天赋的一个重要标志。我们看他青年时写的散文《花园》和小说《钓》《翠子》,以及诗歌《昆明小街景》《带血的床单》等等,都充满了极好的文学感觉,不管是意象,还是对色彩、气味和声音,都有一种特别的、敏锐的感觉。这是了不起的。难怪沈从文那么欣赏他,难怪他的同学、好友朱德熙会说:曾祺以后肯定会是个了不起的作家。

这些,都是与一个作家的天赋有关的。

第三,汪曾祺是极有幽默感的作家。打开汪先生文集,不管是小说,还是散文、小品。你只要认真去读,在每一篇中,你都会读出一两句有趣的,或者说幽默的句子。他还写得不动声色。可以随便举一两个例子，他写过一篇散文《跑警报》，里面写到了几个人、几件事，都特别有趣，而汪先生本人还一本正经地去说：一个善于跑警报的马同学；一个反应迟钝的侯同学却对警报有特殊的敏感；一个哲学系的学生将金岳霖先生《逻辑学》的推理，用到了捡金子上——跑警报有人带金子，带金子就会丢金子，丢金子就会有人捡到，我是人，故我能捡到。他运用这个原理，因此跑警报时特别留心，果然让他捡到了两回金子——一个姓金的教授每每跑警报时都提一个小皮箱，里面装的却是他女朋友的情书。一个郑姓的广东籍同学爱吃莲子，一拉警报他反不跑，人家跑了，他到开水房去煮冰糖莲子，炸弹有时就在他身边乱炸，另一个女生罗同学也不跑，开水房没有人了她就去洗头，想洗多少水就洗多少水！还是上面的那个侯同学，跑警报时只要一下雨，他就预先到各宿舍去收罗伞，之后到学校后门，给淋了雨的女同学一人发一把（之后他还收回来放回原处，并且坚持不懈，一次不落）。汪先生说这个侯同学长得五大三粗，却有一副贾宝玉的心肠，大概是听了吴雨僧的《红楼梦》的课，受了影响。

　　还有风趣的。他说，一到跑警报，正是男生"显摆"的时候，显示一点绅士风度。跑的形态也形形色色，有成双成对跑的，有乘机向女同学献殷勤示好的。他写道：女同学乐于有人伺候，男同学也正好殷勤照顾，正如孙悟空高老庄所言：一来医得眼好，二来又照顾了郎中，这是凑四合六的买卖。——看到这里使你不得不笑，而且你还会发现汪老头心思缜密，写得准确而细腻，能搔到你的心窝里（这是一个优秀作家的禀赋）。

这篇《跑警报》的最后，他说他之所以写这个《跑警报》，就为了表现中国人的生于忧患，养成的"皮实劲"，"不在乎"，以及一种"儒道互补"的精神。我们不是一直在研究汪曾祺的世界观和人生观吗？汪先生的人生态度，是入世多一些，还是出世多一些呢？这一篇《跑警报》最后的"文眼"，不也能代表汪先生的生活态度，不也正反映出汪先生自己的人生观吗？当然这是后话。

像这样的细节，在汪先生作品中真是随处可见。《翠湖心影》里的那个小姑娘，门牙没掉是"十七"（开口音，可以见到牙），摔了一跤，门牙磕掉了，人家问多大了，就变"十五"（闭口音）了，也不住"翠湖西"住"翠湖"了，也不爱"辣子鸡"而爱吃"麻婆豆腐"了。那个如陈老莲画上人物的图书管理员，对一个不走的挂钟，他自己拨拉拨拉，拨几点是几点。汪先生说，我们对他这种以意为时的计时方式，完全没有意见，因为我们也没有非看完不可的书，到这个图书馆，只是享受一份"安静"。

《鸡毛》里的偷吃了文嫂下蛋母鸡的金先生，他不但偷吃了文嫂的鸡，还看上了一个女同学，给人家写情书，信里面附了一只金戒指，并附言"重一钱五"（这里你能不笑吗？）。没想这个女同学不领他的情，将金戒指和信一起钉在了公告栏里，引来了许多同学的围观，这个金同学，不急不躁，自己走来，从容地将信和金戒指取走了。

这篇《鸡毛》里，还有一个有趣的细节，是写鸡的，极为精彩，放在世界文学写鸡之林里，绝对是第一流的。写鸡们进窝，极有"鸡教"：两脚一并，站在门槛上，之后向前一跳。汪先生认真地说"这种礼节，大可不必"。之后是鸡们"咕咕嚷嚷一阵，安静了"，之后是夜色降临抗战时期最高学府之一：国立西南联合大学的新校舍。再"阿门"一声。

我要说，这个"阿门"也大可不必。可汪先生就要"阿门"一声。他就是这么不动声色的幽默，你管得着吗？

还有《晚饭花》里的喊着叫着开的晚饭花、《故里杂记》里的偷船篙被捉的李三，《金冬心》里最后骂"斯文走狗"的金冬心……

太多太多，如果打开汪曾祺的文集去找的话，可以随处找到，或者以后有机会，我们可以专门讲一讲汪曾祺的幽默，那一定十分有意思。

第四，汪曾祺是一个知识庞杂的作家。他不系统读书，他在西南联大连文凭也没有拿到。但他确实喜欢读书，一辈子读书，而且记性好（他的写作，都是想好了再写，不是想了个大概，而是基本都想好了。顶多有些字句在写的时候不同）。他原来说过，在样板团的时候（在样板团他正四十多岁，精力最好的年龄，样板团有图书室，他也借过许多书看过，还可以给团里代购书，看完了，还给图书馆），打字员将几页纸的稿子丢掉了，吓得要哭，汪先生说莫哭莫哭，他还能背写下来，于是又给抄了一遍。他参加美国爱荷华国际写作中心活动,结束时给主人聂华苓写了封短信,之后写信给妻子,把这封信又默写了一遍。他还喜欢一些小考证。比如他的《葵·薤》和《宋朝人的吃喝》,等等。

第五,汪曾祺的诗书画俱佳。在美国爱荷华国际写作中心访问时,被安排到几个大学去演讲,有评论家说他小说里有诗意,他说,我倒希望有人说我作品里有画意。这是一个新鲜的提法,小说里怎么会有画意呢?且慢!汪曾祺小说散文里确实有画意。这个选题也可以写。

他还有很多诗。新诗旧体诗都有,晚年主要是旧体诗,但都写得极好。他还能画两笔,现在汪曾祺的画册出版有两本。他的画现在看到的人也很多了。过去看到的人还不算多。汪先生在世时说,想在中国美术馆搞一个书画展。当时也是以为他随便说说玩的。现在看来,他的画虽然不是专业画家的作品,但是有趣,品位高。这个是了不得的,你专业画家画得再像,没有汪先生的学养,再像也是白搭。看看汪先生的画册吧。那些线条,那些题款,题款的字,款的内容(不是抄唐诗)。他总是写上自己的所见所闻,对生活、对事物的发现。越看越喜欢,越看越爱不释手。你说你怎么能不喜欢,怎么能不爱汪先生呢?

随便打开汪先生的画册,看看吧!

他画了一架扁豆(扁豆有着像蝴蝶一般紫色的花),下面画一棵芽黄的、一棵墨色的瓢儿菜。

题款为:

　　一夜春雨瓢儿菜，
　　满架秋风扁豆花。

　　联系他在另一时、另一处所谈所思，以及观点和看法，这不正是汪先生向往的生活吗?
　　他画了一枝秋天的红叶（截枝法），枝上栖一只长喙的小鸟。题"一年容易又秋风"。
　　他画一只苦瓜，一棵冬苋菜。题：苦瓜和尚未尝画苦瓜。冬苋菜即葵。此为古人主要蔬品，滋味香滑，北人多不识。
　　他不是写过散文《葵·薤》吗？所谓薤，即是小蒜也，或曰野韭菜也。
　　他画马铃薯，题：

　　口外何所有，山药西葫芦。

　　他画芋头、茨菇和荸荠，题：

　　水乡赖此救荒。

　　都是与劳苦人们息息相关的生活。他喜欢齐白石，喜欢徐渭，也是喜欢他们所画皆与百姓生活密切相关。汪曾祺没有高高在上的高雅。他的"雅"的趣味，也是在这些普普通通的日常生活之中。

他画一根大葱、几头蒜。题：

南人不解食蒜。

我曾多次到过长春，有时参加培训，一住一两个月。培训学校食堂的服务员，吃起工作餐来，就是

1995年秋与林斤澜在温州

一人一个大馍，另一只手在一个小箩筐里抓洗净了的青葱。一口馍，之后将小葱揪巴揪巴往嘴里一丢，几个男女津津有味地吃着，边吃边聊天说笑，使我这个"南人"看了大为惊奇。

第六，汪曾祺是一个生活家。他爱吃、爱玩。他真是爱吃，还发明了一个菜：塞馅回锅油条。从20世纪70年代写信给同学朱德熙说这个事，到80年代写出这个塞馅回锅油条。在文章中还信誓旦旦：此菜为我所独创。现在到高邮，已经有专门这道菜了，而且有了现实版的汪氏菜肴。

第七，汪曾祺懂戏剧，特别是京剧。20世纪50年代就

写了《范进中举》，到后来的《沙家浜》，再到后来的《大劈棺》，以及改编孙犁先生的小说《荷花淀》（改后名为《炮火中的荷花》），等等。他的一生，最好的年华，都是在京剧团工作，有许多精力，都用到戏剧上去了。

第八，汪曾祺有怎样的人生态度，他究竟是个什么样的作家呢？

最近得到一个细节，是汪先生一百周年诞辰，他的外甥金传捷写了一篇文章，说一次舅舅对他说，如果老家高邮能落实政策，返还一处祖屋，自己今后要在高邮住些时候，写点东西。如果房子真能落实下来，不要搞成现代化，院子地上不要铺水泥，也不要搞什么花台，最好用竹篱笆围起一块，种些菊花和蔬菜。夏天的黄昏，在院子里再摆一张小桌，炒两个小菜，喝两杯。在桌上也给陶渊明摆一副杯筷，边喝边与陶渊明对话。

看到这一节，我笑了。汪先生这人，还是蛮有意思的哦。

关于这一种想法，在汪先生的画作中也能得以印证：他画过许多菊花，在有的画作中，就题上"种菊不按篱"。这与和他外甥的对话，是一个意思。

一直对汪先生的人生态度没有一个很好的认识。有人说他是"最后一个士大夫"，有人说他是"最后一个文人"。他自己给自己定过一个位：一个中国式的抒情的人道主义者。因为要尽可能准确，所以就有点长，几个要素一个不能少：首先是"中国式"的，他是一个中国人，所受的教育多数是中国文化，当然是中国式的。其次是"抒情的"，说明他身上还有些浪漫主义色彩，浪漫主义，有多一时不是褒义，仿佛一"浪漫"就会有些"多情"。"多情"不实用，总是不好的。再一个就是"人道主义"。人道主义首先是"人"：尊重人，理解人。尊重人的个性发展，尊重人的差异。其中，当然也包含着现代主义的成分。

对汪先生给自己的这个定位。我是认可的。我认为是准确的。

但纵观汪先生的一生，在他的身上，总体来说，体现出的冲淡无为和萧散淡泊，还是要更多一些。其中有部分是天性，有些也是无可奈何。不"冲淡"也要冲淡。不冲淡又奈何之？正如上面我提到的他在《跑警报》中所说的"不在乎"。是啊，"在乎"，又能怎样？

尽管汪先生多数的时候，称自己是一个儒家，他不是有诗么：有何思想？实近儒家。（《我为什么写作》，其实在这句话的后面，紧跟着还有一句："人道其里，抒情其华。"）。

但汪先生的这个"儒家"，不是"儒家"的主流思想，不是治国平天下，而是儒家的"侧枝"，是儒家思想中比较温暖的部分，他不是经常引用《论语》中的《子路、曾皙、冉有、公西华侍坐》中的一句么。

> 莫春者，春服既成，冠者五六人，童子六七人，浴乎沂，风乎舞雩，咏而归。

他选择的是儒家比较讲人情的部分。实也是近道家的部分,或者说,是近人道主义的。

他写《钓鱼的医生》,是写他父亲的。他父亲叫汪菊生,字淡如,这个钓鱼的医生叫王淡人。本来就是一个人嘛!这个医生的优点是急公好义,病人穷的,拿药可赊账,或者不要钱,同时这个医生为人也淡散。他喜欢钓鱼。而一边钓,一边将钓上的鱼,就在一个随身带的小炉灶给煮了。煮了下酒。河水煮河鱼,真是起水鲜。这不是一个现代的陶渊明吗?

他写《陈小手》,那个团长先给了陈小手银子,再将他从马上打下来。团长是自有自己的道理的:"我没亏待你噢,一

在虎坊桥新居自己的画前

个子没少给你。"之后一枪打下,理由是:我的老婆你也能摸来摸去的,并骂一句:"奶奶的。"表示自己委屈,还挺有理的。当然你也可以说,这是耍流氓。但这个流氓,也自有自己的一套逻辑。这是一种逻辑,也是中国式的。一个人自己给自己找了心理平衡,找了心理安慰。这当然也是很中国式的。

第九,小结。汪曾祺是丰富的,虽然他一生作品量并不大。文学成就不是以文字多少来论的。他诗书画俱佳。他懂戏剧,特别是京剧。他喜欢民间文学。他年青时受过西方现代派影响,写过《复仇》等意识流小说。正因为汪曾祺的丰富,他像一头巨象。我们每个人因为自己的了解、理解和喜好,甚至是局限,只能看到他的一部分。喜欢戏剧的看到戏剧,喜欢书画的看到书画,喜欢文学的看到文学,喜欢诗词的看到诗词。其实他是不好定位的。不管是士大夫,旧文人,现代派,以及"最后一个"什么什么的……我们还是还原汪先生自己说的:

"一个中国式的抒情的人道主义者。"

或者说,是一个小品文作家。小品文作家,不是一个小作家。相反,汪曾祺是一个大作家。一个特别的作家。汪先生自己说,我的一切都是小品。他是很乐意做一个小品文作家的。小品文作家是一个崇高的称谓,是一个了不起的定位。其实,汪曾祺才不在乎做一个什么"文学大师"呢,我想他无意于成为文学大师。如果现在汪先生知道,有人在不断称他"大师",他是会被吓醒的。

当然,在汪曾祺经典化的路上,经典汪曾祺,这是不错的,也是必需的。汪曾祺当然要经典化,他可以称得上是一个经典的作家。但他真的不想"伟大"。他真的更愿意"我悄悄地写,你悄悄地读"。

最后引汪先生爱引的一首诗:

山中何所有,
岭上多白云。
只可自怡悦,
不堪持赠君。

这是陶弘景的一首诗。

汪先生更愿意像诗中写的一样:是山中的一片云,只可自怡悦,不堪持赠君。

对于汪曾祺这样的作家,真正的快乐,还是靠自己去阅读。那种种阅读的快乐,是一个秘密。

2020年6月20日至30日整理

—— 辑三 舌尖上的汪曾祺

汪曾祺为何如此迷人

小引

二十年前,我们在县里学习文学创作,有一帮朋友,其中一位业余诗人,在酒桌上篡改了白居易的一首诗,说:座中读汪谁最痴?安徽天长小苏北。天长县(今天长市)是我的家乡。(原诗:座中泣下谁最多,江州司马青衫湿。)那时我才二十多岁。前不久回乡,几个老朋友一起吃饭,这位当年的业余诗人也参加了。几杯酒下肚,他又诗兴大发,把当年的"诗"又说了一遍:座中读汪谁最痴?安徽天长老苏北。只是改了一个字,将"小"字改成了"老"字。

这虽是笑话,即道出了我这些年都干了些啥。

为什么对汪曾祺如此深情?读了这么多年,还乐此不疲?我思考这个问题,大致有以下的思路和结论:

一

对汪曾祺的阅读,是一个逐步发现、不断惊喜的过程。说句实在话,原来喜欢汪曾祺,也才二十多岁,所见世面不大(不是说现在大了),而且呢,那个时候见到汪曾祺的东西也不多,也就是两本小说选(《汪曾祺短篇小说选》《晚饭花集》),一本散文集(《蒲桥集》),一本文论集(《晚翠文谈》)。小说、散文、文论,都全了。当然,这也是汪曾祺最主要的作品。他生前时,他自己比较在乎的作品,也都在这几本书里了。(都说汪曾祺洒脱,比较淡泊,生活中也马虎。汪先生自己在《随遇而安》中说"我这人很糊涂,不记日记,许多事都记不准时间"。用他自己的话说"不在乎"。可是他还没有"潇洒"到自己的东西一点不保留的份上。汪朗有一次对我说,虽然老头子"拉乎",发表过了的作品到处塞,但也不是心中一点数也没有。《晚饭花集》《蒲桥集》里面的作品,都是经过他自己亲手选的,基本上是他认定了的。)

汪先生去世后,他的子女,用《汪曾祺全集》的稿费印了一本非常精美的《汪曾祺书画集》(非卖品),让我们集中看到了汪曾祺书画方面的才华(原来都是零星看到的)。那些书画作品,特别那些题在画作上的题款,非常丰富。通过这些题款,你可以得到很多的学识。可以看出汪曾祺是一座"富矿",他"肚子里东西很多"。《汪曾祺书画集》收集了汪曾祺从1982年以来,大大小小书画作品122幅,其中书法作品较少，只有18幅。所涉花鸟鱼虫几十种，有兰草、腊梅、秋菊、玉兰、丁香、杜鹃、桂花、绣球、杨梅、凌霄、海棠、芍药、紫藤、芙蓉、山丹丹、金银花、水仙、红叶、葫芦、葡萄、蓼花、芦穗、梨花、野果、枇杷、苦瓜、山药、西葫芦、冬苋菜、莲、藕、芋头、白萝卜、红萝卜、白菜、红辣椒、马蹄（荸荠）、竹、荷、鸟、松鼠、蜻蜓、猫头鹰、金鱼、小鸡、鳜鱼、鹅、蟹等四十多种，所题款皆好。比如：秋色无私到草花，月晓风清欲堕时，一年容易又秋风，孤雁头上戴霜来，雨打梨花深闭门，南人不解食蒜，等等。

二

汪曾祺早期逸文的发现，先是上海《文汇报》"笔会"版主编周毅在编选《一个甲子的风雨人情——笔会60年珍藏版》时，无意中发现了汪曾祺20世纪40年代发表在《文汇报》上的好几篇逸文，基本上都是写于"黄土坡"或者"白马庙"，总之是写于昆明吧。我们读那些逸文，发现汪曾祺青年时竟然写得那么好，一点也不"幼稚"，充分证明了沈从文"为什么那么欣赏他、喜欢他"，并且说出"汪曾祺写得比我好"的话来。

清华大学教授解志熙和他的学生裴春芳，东北师大的徐强，出于学术研究的需要，翻阅了民国时期的大量资料，又进一步发现了汪曾祺的大量早期逸文。分别是小说《河上》、

《驴》、《除岁》、《结婚》；散文《飞的》、《昆明草木》、《日记抄：蝴蝶》；诗歌《消息》、《封泥》、《二秋辑》和《文明街》。分别发表在《经世日报》《文学杂志》《大公报》和昆明的《生活导报周刊》上，均为20世纪40年代作品。而且用了那么多的笔名，包括：西门鱼、郎画廊、汪若园、方柏臣。

通过这些作品，你发现汪曾祺青年时候并不"懒"，也不是整天"泡茶馆"，还真写了不少东西，完全可以称得上是"青年作家"。汪先生自己说过，三四十年代写了一些东西，大多都散失了。他这样轻描淡写地说说，我们原以为不会很多，原来却是那么的丰富！而且通过这些作品，你发现汪曾祺说过的话，都得到了印证，比如，"我年轻的时候倒是受到过意识流影响的"。逸文中的《谁是错的》《结婚》等，明显有意识流的痕迹。汪先生自己也说过："我写得并不土气，相反我还受过西方意识流的影响。"

这个老头说话，是非常负责的。他说过的话，后来有许多都得到了验证。比如：他说过，我曾代同学写过一篇读书报告，说李贺的诗是写在黑底上的，受到闻一多的表扬，说是"比汪曾祺写得还好"。汪先生轻描淡写地一说，并不引起人们的重视，而在汪先生去世后，这个"同学"竟然在一本旧书里找出这篇"作业"。这个人就是比汪曾祺低一班的同学杨毓珉，他使我们得以看到这篇在岁月底下沉睡了六十多年的汪曾祺的少作：《黑罂粟花——李贺歌诗编读后》：

下午六点钟，有些人心里是黄昏，有些人眼前是夕阳。金霞，紫霭，珠灰色淹没远山近水，夜当真来了，夜是黑的。

　　有唐一代，是中国历史上最豪华的日子，每个人都年轻，充满生命力量，境遇又多优裕，所以他们做的事几乎是全是从前此后人所不能做的，从政府机构、社会秩序，直到瓷盘、漆盒，莫不表现其难能的健康美丽。当然最足以记录豪华的是诗。但是历史最严刻、一个最悲哀的称呼终于产生了——晚唐。于是我们可以看到暮色中的几个人像——幽暗的角落，苔先湿，草先冷，贾岛的敏感是无怪其然的；眼看光和热消逝了，竭力想找另一种东西来照耀漫漫长夜的，是韩愈；沉湎于无限好景，以山头胭脂作脸上胭脂的，是温飞卿、李商隐；而李长吉则是守在窗前，望着天，头晕了，脸苍白，眼睛里飞舞各种幻想。

　　这篇读书报告，洋洋洒洒写了两千字！完全是一种别出心裁的写法！难怪闻一多会说出"写得比汪曾祺还好"！

三

　　山东画报社出版了《你好汪曾祺》一书，收集了包括黄裳、范用、宗璞、铁凝、贾平凹在内的海内外近50位作家回忆汪曾祺的各类文章，向我们呈现了一个具体而有趣的汪曾祺。当然,这本书的机缘主要是我。2007年,汪先生逝世10周年,我给山东画报社打电话,提出能否收集散失在各报刊的各类回忆汪曾祺先生的文章,辑集成册出版的建议,他们很快就采纳了。我有此动议的基础是,山东画报社先后出版过汪先生的《人间草木》、《文与画》、《五味——汪曾祺谈吃散文32篇》、《汪曾祺说戏》和《汪曾祺谈师友》,这几本书的影响都极好,每册印刷都好几次。

《你好汪曾祺》的出版,使我们有机会集中了解汪曾祺这个人。

之后是2008年由上海远东出版社出版的《永远的汪曾祺》,收集了新近的写汪曾祺的回忆文章77篇,更丰富了我们对汪曾祺的认识。加之高邮市文联编印的汪曾祺资料,也是好几大本。那么多人写了那么多汪曾祺的文章,谈汪的创作、交往、游历和趣闻,等等。你会发现,汪曾祺原来还那么好玩,他有趣的事情很多很多。总之,这个人非常丰富,真正是一座"矿"。

这里举几个例子:

一、看苏叔阳写汪先生。苏叔阳说,一次他和汪老在大连开会。会上发言中,苏叔阳讲了"骈四俪六"的话,顺口将"骈"读成"并",还将"掣肘"的"掣"读成"制",当时会上,谁也没有说什么。吃晚饭时汪先生悄悄塞给他一个条子,还嘱咐他"吃完了再看"。他偷偷溜进洗手间,展开一看,蓦地脸就红了,一股热血涌上心头。纸条上用秀丽的字写着:

"骈"不读"并",读"片";空一段,又写"掣"不读"制",读"彻"。苏叔阳说他当时眼泪差一点流出来,心中那一份感激无以言说。回到餐桌,苏叔阳小声对汪先生说:"谢谢!谢谢您!"汪先生用瘦长的手指戳戳他的脸,眼中是顽童般的笑。这就是汪先生,那样的目光和笑意,我是见过的。

二、铁凝在《汪老教我正确写字》里写道,1992年汪先生到河北参加《长城》笔会,其间铁凝拿自己的新书送给汪老,汪老看了她在扉页上的签名,对她说:"铁凝,你这个铁的金字旁太潦草了,签名可以连笔,但不能连得不像个金字旁了,是不是?"铁凝后来说:"因为除了父母,还没有人能这样直率地指出我的毛病。"

——汪曾祺懂得尊重人。善解人意而又不失真诚。

汪曾祺与人见面、打招呼的方式,也是"汪氏"式的。

一、陈国凯曾说过,20世纪80年代,一次在湖南开会。餐厅吃饭,一个老头子已在那里吃了,面前放着一杯酒。主会人员向他介绍汪曾祺。汪先生看着他,哈哈一笑:

"哈,陈国凯,想不到你是这个鬼样子!"

陈国凯是第一次同汪曾祺见面,觉得这个人直言直语,没有虚词,实在可爱,也乐了:

"你想我是什么样子?"

汪先生笑:"我原来以为你长得很高大。想不到你瘦骨如柴。"

这正如汪先生第一次见到铁凝,汪先生走到她的跟前,笑着，慢悠悠地说："铁凝，你的脑门上怎么一点头发也没有呀！"铁凝后来说"仿佛我是他久已认识的一个孩子"。

二、高晓声1986年和汪先生广州、香港之行同住一室。汪先生随身带着白酒，随时去喝。1992年汪先生去南京，高晓声去看他。汪先生将他从头看到脚，找到老朋友似的指着高的皮鞋说："你这双皮鞋穿不破哇？"鞋是那年高去香港时穿的那双，汪曾祺居然一眼认出来了。

三、1991年4月，汪曾祺参加云南笔会，同行作家李迪，戴个大墨镜，被高原太阳晒得够呛，一天下来，摘下眼镜，脸都花了，只有眼镜下面的一块是白的，其他地方都是红的。汪先生见了，说，李迪，我给你八个大字："有镜藏眼，无地容鼻。"正如有一年夏天，我到山东长山岛出差，游了海水泳，回北京已好几天了。那天我去他家。进门没有一会儿，他站在我面前，端详着，之后用手在我脸上一刮："是不是游了海水泳？"——真奇了怪了，他怎么看得出来？而且他用这种方式给你表达，让你的内心温暖无比。

四

江苏的金实秋先生编了一本《汪曾祺诗联品读》，金先生真是功莫大焉，他不厌其烦，那么有兴趣，到处去找，收集了这么一个东西，把汪曾祺的点点滴滴（当然肯定还有遗失的）进行了梳理，编了厚厚的一本书，通过那些诗联，你发现汪先

记汪小苓

苏北与汪曾祺看报 摄于1996年

生是有"捷才"的。肚里有,又反应很快。真如黄庭坚(山谷)说秦少游的,"对客挥毫秦少游"的味道了。

这里也说几条有趣的:

一、1989年汪曾祺给《工人日报》的一个全国工人作家班讲课。让他讲的题目是"小小说的创作",他对此没有多大兴趣,就给学员讲文学与绘画的关系。有一天,还带来自己的一幅"条幅",是一枝花,朱砂花朵三二朵,墨叶二三片,一根墨线画到底,右题一行长条款:秋色无私到草花。有个河北籍的女学员嘴快,看了一眼就说:空了那么多,太浪费,画一大束就好了。汪曾祺哈哈大笑,仿佛那个女生的话一点没有扫他的兴。有个男同学问:能不能给我?老头抬头看看,问:"处对象了吗?"——"谈了。"——"那好,就拿走吧,送给女朋友,这叫'折得花枝待美人'。"这就是汪曾祺,一个活灵活现的汪曾祺。

二、20世纪80年代初,《钟山》举办太湖笔会,从苏州乘船到无锡，万顷碧波，大家忘乎所以。宗璞和几个女作家在船上各打着一把遮阳伞。船快到无锡，汪曾祺忽然给宗璞递过半张香烟盒纸，上面写了一首诗："壮游谁似冯宗璞，打伞遮阳过太湖。却看碧波千万顷，北归流入枕边书。"宗璞非常高兴，多少年都记得这首诗。

这样的游戏之作，是需要捷才的。可以说，汪曾祺是有才子气的。所以，后来才有人说，汪先生是"最后一个士大夫"，"中国当代最后一个文人"。这些说法，在汪曾祺身上都能找到印证。让你感到：汪曾祺太可惜了，这么有才华的一个人，赶上那么一个时代，人生最好的年华（壮年），都在各式运动中战战兢兢地度过了；同时又感到汪曾祺太幸运了，命运给了他最后的二十年，让他逐步重新找回了自信，越写越神（沈从文夫人张兆和说，曾祺笔下如有神，这样的作家越来越少了。）——他晚年的作品《窥浴》《小姨娘》《水蛇腰》等，写性是写得很大胆的，而且很美。（他自己在《受戒》《大淖记事》的创作谈中说过："我就是要写得很美，很健康。"）使他得以完成了他人生的三分之二的作品。他近三百万字的作品，绝大部分是写于新时期。二十年，成就了汪曾祺，给了我们这样一个作家，让我们乐此不疲。

当然，汪曾祺还在被发现。北京十月文艺出版社编的四卷本《汪曾祺文集》，马上就要出来了。人民文学出版社的新版《汪曾祺全集》，也正在紧锣密鼓地编辑中，里面都有一些新东西。这个老头儿，一拨一拨的，给你不断的惊喜。

我想还会不断有一些新的发现。仿佛这个老头故意同大家开了个玩笑。——他还在世界的某个角落坐着，不断地给我们"送小温"。

五

前几天，扬州又发现了汪曾祺的一篇很短的逸文《说"怪"》和两封信；又有人买走了汪曾祺1962年的《王昭君》剧本（北京京剧团钢板刻字油印本），这些不断的一些惊喜，都深深地吸引着我们。

这里我把这篇500字的短文《说"怪"》给介绍一下。事情是这样的：1986年10月，汪和林斤澜等到南京参加《雨花》笔会。那个笔会叶兆言也在，他刚刚大学毕业，叶兆言自己说还是个"生瓜蛋子"，他在会上主要搞会务。扬州的杜海，那时还是个文学青年，他得到汪在南京的信息，特地从扬州赶到南京去找汪等人。结果，在玄武湖，还真给他找着了。之后汪一行又往扬州，住在小盘谷内，于是杜海就将自己的一篇名为《碧珍》的小说，送给汪曾祺，请他指正。第二天上午，汪将此小说还给杜海。杜海正准备洗耳恭听，没想汪却笑了笑，没说一句话，却递上两页稿纸。这就是下面的这篇短文。你看看，什么叫才华？什么叫才子？

我写过一篇小说《金冬心》，对这位公认为扬州八怪里的一号人物颇有微词。我觉得这是一个装模作样，矫情欺世，似放达而实精明的人。这大概有一点受了周作人的影响。我认为他的清高实际上是卖给盐商的古彝器上的铜绿，这一点大概也不错。我不喜欢他的卢仝体的怪诗。但那篇《金冬心》只是小说，不是对金冬心的全面评价。我对金冬心的另一面是非常喜欢的。我对他的从"天发神忏碑"变出来的美术字势的四方的楷字和横宽竖细的漆书是很喜欢的。对他的"疏能走马，密不容针"的梅花，也是很喜欢的。我在故宫博物院见过他画的一个扇面，万顷荷花，只是用笔横点了数不清的绿色的点子，竖点了数不清的漆红的点子，荷叶荷花，皆不成形，而境界阔大，印象真切。我当时叹服：这真是一个绝顶聪明的人！

我不想评定金冬心，只是想说说什么叫"怪"。很简单，怪就是充分表现个性，别出心裁，有独创性。

我希望扬州的写小说的同志能够继承八怪传统的这一方面，尽量和别人不一样。

扬州有一位大文体家，汪中。对汪容甫的文章，有不少人有极精到的见解。我很欣赏章太炎的评语，他说汪容甫的骈文"起止自在，无首尾呼应之式"（大意）。呼应，是小说的起码的要求。打破呼应，是更高的要求。小说不应有"式"——模式。

一九八六年十月二十八日 扬州

《忆·读汪曾祺》研讨会

综上所述，汪曾祺是什么？为何迷人？汪曾祺的一切，所有的，包括小说、散文之外的一切，生活中的随手写的小纸片，朋友之间的谐谑的短诗，一个普通的留言，各式信件，包括美国家书，给黄裳、朱德熙等朋友的信，给家乡县委书记要房子的短笺，（"曾祺老矣，犹冀有机会回去，写一点有关家乡的作品，希望能有一枝之栖。区区愿望，竟如此难偿乎？"几十个字，却很有趣，还不忘抒情一下。也可看出这个老头的天真和幼稚。）等等，都具有文学价值。——文字又好，又有生趣。

其实，汪曾祺的一生（主要是晚年），是把生活诗意化，把写作诗意化。正如他自己说的，他追求的是美，是和谐。黄裳也曾说，"曾祺的创作，不论采用何种形式，其终极精神所寄的是'诗'"。这是很有见地的，不愧是从青年时代就与汪相交的老朋友。

这就是为什么这么多年，我被这个老头子"牵着鼻子走"的原因。别看他只有两三百万字的作品，他实在是丰富、有趣，而有味道的。所以我们乐此不疲。

这也就是汪曾祺迷人的原因。

原刊《深圳特区报》2012年7月19日

（此文系在东北师范大学文学院的演讲稿）

舌尖上的汪曾祺

小引

汪曾祺先生去世后,他的作品被不断地出版、编纂,他的趣闻逸事为人们所津津乐道,他的逸文被研究者不断发现。可以说,经过这十多年来研究者、出版者和读者不断传播、研究和阅读,汪曾祺显然已成为现当代最重要的经典性作家之一,他活在了读者的心中、活在了人们的口中(舌尖上);另一层意思,汪曾祺一生"好"吃,他喜欢吃喜欢写吃喜欢自己"捣鼓"吃,被人们誉为文坛"美食家"。《舌尖上的中国》热播后,网上有人留言:要是汪曾祺在世就好了,请他为此片的总顾问,那将再恰当不过;也有人直接称他为"吃货"——"吃货"现在已不是一个贬义词,许多人自称自己为"吃货"——只不过汪曾祺这一代为资深的"老吃货"罢了。

一

先引汪曾祺的一段文字：

抽烟的多，少，悠缓，猛烈；可以作为我的灵魂状态的纪录。在一个艺术品之前，我常是大口大口的抽，深深的吸进去，浓烟弥满全肺，然后吹灭烛火似的撮着嘴唇吹出来。夹着烟的手指这时也满带表情。抽烟的样子最足以显示体内潜微的变化，最是自己容易发觉的。

这篇文字写于20世纪40年代，题目叫《艺术家》。这颇似汪先生的自画像。它其实是汪曾祺的人生状态，他一生确也可以用"艺术家"来概括，他把生活当艺术，钟情和痴迷于一切美的事物。他自己说自己是"一个中国式的抒情的人道主义者"。前几年，黄裳有一篇写汪曾祺的长文《也说曾祺》，此文开篇就说"曾祺的创作，不论采用何种形式，其终极精神所寄是'诗'"。这实在是很有见地，以前似还没有人这么干脆直白地说过。

记得十五年前，汪先生去世时，他的家人为每位来送行的人发了一份汪先生的手稿复印件，那篇文章的题目就叫《活着真好呀！》，他的家人是理解他的。他实在是热爱生活、热爱美的。他是作家中少有的特别热爱世俗生活的人，他热爱一切劳动以及劳动所创造的美，包括饮食、风俗和一切生活中的艺术。

黄裳说的没错,"他的一切,都是诗"。或者也可以说,他追求的一切,也是美。这结论,肯定也是没错的。汪先生曾在接受家乡电视台采访的一段视频中说:"我就是要写,我一定要把它写得很美,很健康,很有诗意。"(《关于〈受戒〉》)。这就是汪曾祺,在生活中他也是这个样子。对待生活他也是这样。朋友曾给我说过一个汪先生的趣事,说老头儿最后一次去云南,在昆明的那天,《大家》杂志的同事去看他,临别,他抓住作家海南的手久久不愿丢开。海南那么柔弱。柔弱就是一种美。老头儿这是对美的依恋呀!对人如此,对吃也是如此。所以他的关于吃,喜欢吃,喜欢写吃,其实也是美,是艺术之道。

作家墨白与汪曾祺接触并不多,可他曾写过一个汪曾祺的形象我以为颇为神似。

1989年秋,汪曾祺和林斤澜一行到合肥参加《清明》笔会。会前,安排作家游览合肥包河公园。临行前,汪先生手里拎着一个淡青色的布兜子。墨白问:汪老,准备买东西?汪先生说:预备。然后把布兜子装进半旧的夹克衫里,带子露在外边,一走一摆,有几丝灰发散落在他的额前,他就用他那长了老人斑的手拢一拢。

这个形象也大致是汪曾祺在蒲黄榆和虎坊桥晚年两个居所周边的菜场的形象。墨白写得很准确,这个老头儿就是这个样子。

汪曾祺自己也说过：一次到菜场买牛肉，见一个中年妇女排在他的前面。轮到她了，她问卖牛肉的：牛肉怎么做？老头很奇怪：不会做，怎么还买？于是毛遂自荐，给人家讲解了一通牛肉的做法，从清炖、红烧、咖喱牛肉，直讲到广东的蚝油炒牛肉、四川的水煮牛肉和干煸牛肉丝（见《吃食与文学》）。

汪先生对吃是饶有兴趣的。他生前编过的仅有的一本书《知味集》，就是关于吃。他亲自写了征稿小启，寄给朋友。给这本文集写稿的有王蒙、王世襄、车辐、邓友梅、苏叔阳、吴祖光、林斤澜、铁凝、舒婷和新凤霞等48位作家。这本《知味集》由中外文化出版公司于1990年出版，也只印了3000册。可老头子的征稿小启，可真是下了功夫去写的：

浙中清馋，无过张岱，白下老饕，端让随园。中国是一个很讲究吃的国家，文人很多都爱吃，会吃，吃得很精；不但会吃，而且善于谈吃。……现在把谈吃的文章集中成一本，想当有趣。凡不厌精细的作家，盍兴乎来，八大菜系、四方小吃、生猛海鲜、新摘园蔬，暨酸豆汁、臭千张，皆可一谈。或小市烹鲜，欣逢多年之故友；佛院烧笋，偶得半日之清闲。婉转亲切，意不在吃，而与吃有关者，何妨一记？作家中不乏烹调高手，卷袖入厨，嗟咄立办；颜色饶有画意，滋味别出酸咸；黄州猪肉、宋嫂鱼羹，不能望其项背。凡有独得之秘者，倘能公诸于世，传之久远则所望也。道路阻隔,无由面请,谨奉牍以闻,此启。

在征稿小启之后,又写了足足有两千字的一个后记,历数中国菜的渊源和历史,足可见他对吃的兴趣。

二

夏丏尊曾写过一篇《谈吃》的短文。夏先生在文中说,中国人是全世界最善吃的民族,除"两只脚的爹娘不吃,四只脚的眠床不吃",其余凡能吃的,五花八门,都想尽办法弄了吃。吃的范围之广,真使他国人为之吃惊。

《红楼梦》里关于吃的描写很多。第六十一回小丫头莲花儿到厨房对柳家的说司棋想吃一个炖鸡蛋,"炖的嫩嫩的",遭到一顿抢白,又说了一车轱辘的话:"我劝他们,细米白饭,每日肥鸡大鸭子,将就些儿也罢了。吃腻了膈,天天又闹起故事来了。鸡蛋、豆腐,又是什么面筋、酱萝卜炸儿,敢自倒换口味。"由此可看出在曹雪芹时代,也已经挑着花样吃了。有说是中国人在宋朝时吃的是很简单的。看《水浒传》,那上面的人动不动就大碗喝酒大块吃肉,并不精细。第三十一回《张都监血溅鸳鸯楼 武行者夜走蜈蚣岭》写到武松杀了蒋门神出走之后,来到一个村落小酒肆,要吃的也就是"鸡与肉",之前武松受了张都监的陷害,施恩父子也是只"煮了熟鹅"挂在"武松的行枷上"。汪曾祺关于宋朝人的吃喝是有考证的。他在给好友朱德熙的信中说,"中国人的大吃大喝,红扒白炖,我觉得是始于明朝,看宋朝人的食品,即皇上御宴,尽管音乐歌舞,排场很大,而供食则颇简单,也不过类似炒肝爆肚那样的小玩意。而明以前的人似乎还不忌生冷。食忌生冷,可能与明人的纵欲有关。"他自己还专门写了一篇《宋朝人的吃喝》的考证文章,从顾闳中的《韩熙载夜宴图》、苏东坡的"黄州好猪肉",到《东京梦华录》《梦粱录》所列的肴馔进行细细考证。汪曾祺认为,"宋朝人的吃喝比较简单而清淡",还说宋朝的肴馔多是"快餐",是现成的。中国古代人流行吃羹。"三日入厨下,洗手作羹汤"。《水浒传》中林冲的徒弟说自己"安排得好菜蔬,端整得好汁水","汁水",也就是羹。同时他还考证宋朝人就酒多用"鲜果"——梨、柿、炒栗子、蔗、柑等。

其实,汪曾祺谈吃年头颇早,他不仅仅是在晚年写出了一些谈吃的文章。翻开汪曾祺全集,"卷八"中有汪致朱德熙的书信十八通,从20世纪70年代一直到80年代末,所谈除民歌、昆虫、戏剧和语言学外,多为谈吃的文字。在20世纪70年代的一封信中,他教朱德熙做一种"金必度汤",原料无非是菜花、胡萝卜、马铃薯、鲜蘑和香肠等,可做工考究,菜花、胡萝卜、马铃薯、鲜蘑和香肠全部要切成小丁,汤中居然还要倒上一瓶牛奶,起锅之后还要撒上胡椒末,汪称之为西菜,我看可谓是"细菜"。

有一个时期,汪每天做饭,他自己说"近三个月来,我每天做一顿饭,手艺遂见长进"。他的那个著名的菜:塞馅回锅油条,可以说是汪曾祺自己发明的唯一的一道菜。1977年他在给朱德熙的信中说,"我最近发明了一种吃食",并详细列出此菜的做法:买油条两三根,劈开,切成一寸多长一段,于窟窿内塞入拌了剁碎榨菜及葱丝肉末,入油锅炸焦,极有味。汪自己形容为"嚼之声动十里人"。十年后的1987年汪曾祺写《家常酒菜》中,在写了拌菠菜、拌萝卜丝、干丝、扦瓜皮、炒苞谷、松花蛋拌豆腐、芝麻酱拌腰片、拌里肌片之后,正式将此菜列入,并说"这道菜是本人首创,为任何菜谱所不载。很多菜都是馋人瞎捉摸出来的"。

他的散文《宋朝人的吃喝》《葵·薤》,在形成文章之前,都在给朱德熙的信中提起过。他在1973年写给朱德熙的一封信中还说:"我很想退休之后,搞一本《中国烹饪史》,因为这实在很有意思,而我又还颇有点实践,但这只是一时浮想耳。"这些都告诉我们,汪曾祺关于吃喝的学问由来已久,不敢说伴随他一生,但也有相当可观的年头耳。

这里不妨荡开一笔。汪曾祺与朱德熙的友谊,可谓是一段称奇的佳话。他们是西南联大的同学,用我们家乡的话说,"好得简直多一个头"。朱德熙的夫人何孔敬在《长相思》中说,她和朱德熙在昆明结婚,婚纱还是汪曾祺负责去租的:结婚的前一天,汪曾祺拎一个滚圆粉红的大盒子来,说,这是礼服,拿去试穿一下,合适不合适?何孔敬喜欢白的,朱德熙为难,"水红色是你母亲的意思"。汪曾祺在一旁说:"不喜欢可以拿去换嘛！"第二天他们小两口回门，一大早，汪曾祺又来了，跟着他们一道回门，下午三个人还看了一场电影。汪曾祺失恋，睡在房里两天两夜不起床，房东老伯怕他想不开，朱德熙来了，把一本物理书卖了，拉汪曾祺到小酒馆喝顿酒，没事了。朱德熙多次说过："那个女人没眼力。"

1993年在海口 谢南健摄

汪曾祺晚年曾写过一篇《昆明的雨》，提到一件事：有一天在积雨少住的早晨，他和朱德熙从联大新校舍到莲花池去，看了满池的清水和着比丘尼的陈圆圆的石像，雨又下了起来。他们就到莲花池边的一条小街的小酒店，要了一碟猪头肉，半市斤酒，坐下来，一直喝到午后。汪曾祺还记得酒店里有几只鸡，把脑袋反插在翅膀下面，一只脚着地，一动不动。酒店院子里有一架大木香花，数不清的半开的白花和饱胀的花骨朵，都被雨水淋得湿透了。四十年后他还写了一首诗："莲花池外少行人，野店苔痕一寸深。浊酒一杯天过午，木香花湿雨沉沉。"在昆明，汪曾祺九点之后还不见人，朱德熙便知道他还未起床，便来找他。

有一次，十点过了，还不见汪的人影，朱德熙便挟一本字典，来到46号宿舍。一看，果然，汪曾祺还高卧不起。朱德熙便说："起来，吃早饭去！"于是两人便出门，将朱夹来的字典当掉，两人各吃了一碗一角三分钱的米线。

到了晚年，有一次汪曾祺到昆明，回北京一下飞机就直奔朱德熙家，给朱德熙带来一包昆明的干巴菌，何孔敬捧着一大包干巴菌，说"多不好意思"。汪却说："我和德熙没有什么不好意思的。"1991年，朱德熙在美国斯坦福大学亚语系讲学，经确诊为肺癌晚期，仅半年就去世了，汪曾祺非常伤心。有一天夜晚，汪曾祺在书房作画，忽然失声痛哭，把家人吓了一跳，赶紧过去劝他，就见汪满脸是泪，说："我这辈子就这一个朋友啊！"桌上有一幅刚刚画好的画，被眼泪打得湿透，已看不出画的什么，只见画的右上角题了四个字："遥寄德熙。"此乃真痛也。

这一节确实是扯远了点。可这一种友谊，实为难得。用朱德熙夫人何孔敬在《长相思》前言中的话说，他们是"金石至交"。

三

著名散文理论家、苏州大学教授范培松曾给我说过一个笑话，此笑话是作家陆文夫在世时说的。陆文夫多次说，"汪老头很抠"。陆文夫说，他们到北京开会，常要汪请客。汪总是说，没有买到活鱼，无法请。后来陆文夫他们摸准了汪曾祺的遁词，就说"不要活鱼"。可汪仍不肯请。看来汪老头不肯请，可能还"另有原因"。不过话说回来，还是俗语说得好，"好日子多重，厨子命穷"。汪肯定也有自己的难处。

"买不到活鱼。"现在说来已是雅谑。不过汪曾祺确实是将生活艺术化的少数作家之一。他的小女儿汪朝说过一件事。汪朝说，过去她的工厂的同事来，汪给人家开了门，朝里屋一声喊："汪朝，找你的！"之后就再也不露面了。她的同事说你爸爸架子真大。汪朝警告老爷子，下次要同人家打招呼。下次她的同事又来了，汪老头不但打了招呼，还在厨房忙活了半天，结果端出一盘蜂蜜小萝卜来。萝卜削了皮，切成滚刀块，上面插了牙签。结果同事一个没吃。汪朝抱怨说，还不如削几个苹果，小萝卜也太不值钱了。老头还挺奇怪，不服气地说："苹果有什么意思，这个多雅。"——"这个多雅。"这就是汪曾祺对待生活的方式。

美籍华人作家聂华苓到北京访问，汪曾祺在家给安排了家宴。汪自己在《自得其乐》里说：聂华苓和保罗·安格尔夫妇到北京，在宴请了几次后，不知谁忽发奇想，让我在家里做几个菜招待他们。我做了几道菜，其中一道煮干丝，聂华苓吃得非常惬意，最后连一点汤都端起来喝掉了。煮干丝是淮扬菜，不是什么稀罕，但汪是用的干贝吊的汤。汪说"煮干丝不厌浓厚"。愈是高汤则愈妙。台湾女作家陈怡真到北京来，指名要汪先生给她做一回饭。汪给她做了几个菜，一个是干贝烧小萝卜。那几天正是北京小萝卜长得最足最嫩的时候。汪说，这个菜连自己吃了都很诧异，味道鲜甜如此！他还给炒了一盘云南的干巴菌。陈怡真吃了，还剩下一点点，用一个塑料袋包起，带到宾馆去吃。

看看！这个汪老头真"并不是很抠"。其实是真要有机缘的。

汪老头在自己家吃得妙，吃得"雅"。在朋友家，他也是如此。可以说，是很"随意"。特别是在他自己认为的"可爱"的人家。但这种"随意"，让人很舒服。现在说起来，还特有风采，真成了"逸事"。

1987年，汪曾祺应安格尔和聂华苓之邀，到美国爱荷华参加"国际写作计划"。他经常到聂华苓家里吃饭。聂华苓家的酒和冰块放在什么地方，他都知道。有时去得早，聂在厨房里忙活，安格尔在书房。汪就自己倒一杯威士忌喝起来，汪后来在《遥寄爱荷华》中说："一边喝加了冰的威士忌，一边翻阅一大摞华文报纸，蛮惬意。"有一个著名的"桥段"，还是在朱德熙家里的。有一年，汪去看朱，朱不在，只有朱的儿子在家里"捣鼓"无线电。汪坐在客厅里等了半天，不见人回，忽然见客厅的酒柜里还有一瓶好酒，于是便叫朱的半大的儿子，上街给他买两串铁麻雀。而汪则坐下来，打开酒，边喝边等。直到将酒喝了半瓶，也不见朱回来，于是丢下半瓶酒和一串铁麻雀，对专心"捣鼓"无线电的朱的儿子大声说："这半瓶酒和一串麻雀是给你爸的。——我走了哇！"抹抹嘴，走了。

这真有"访戴不见,兴尽而回"的意味,又颇能见出汪曾祺的真性情。

在美国,汪曾祺依然是不忘吃喝。看来吃喝实乃人生一等大事。他刚到美国不久,去逛超市。"发现商店里什么都有。蔬菜极新鲜。只是葱蒜皆缺辣味。肉类收拾得很干净,不贵。猪肉不香,鸡蛋炒着吃也不香。鸡据说怎么做也不好吃。我不信。我想做一次香酥鸡请留学生们尝尝。"又说,韩国人的"铺子里什么佐料都有,'生抽王'、镇江醋、花椒、大料都有。甚至还有四川豆瓣酱和酱豆腐(都是台湾出的)。豆腐比国内的好,白、细、嫩而不碎。豆腐也是外国的好,真是怪事!"

住到五月花公寓的宿舍,也是先检查炊具,不够。又弄来一口小锅和一口较深的平底锅,这样他便"可以对付"了。

在美国,他做了好几次饭请留学生和其他国家的作家吃。他掌勺做了鱼香肉丝,做了炒荷兰豆、豆腐汤。平时在公寓生活,是他"做菜",古华洗碗(他与古华住对门)。

在中秋节写回来的一封信中,他说:"我请了几个作家吃饭。"菜无非是茶叶蛋、拌扁豆、豆腐干、土豆片、花生米。他还弄了一瓶泸州大曲、一瓶威士忌,全喝光了。在另一封信中,他说请了台湾作家吃饭,做了卤鸡蛋、拌芹菜、白菜丸子汤、水煮牛肉,"吃得他们赞不绝口"。汪自己得意地说,"曹又方（台湾作家）抱了我一下，聂华苓说，'老中青三代女人都喜欢你'。"看看，老头儿得意的，看来管住了女人的嘴，也就得到了女人的心。

他对美国的菜也是评三说四，他说，我给留学生炒了个鱼香肉丝。美国的猪肉、鸡都便宜，但不香，蔬菜肥而味寡。大白菜煮不烂。鱼较贵。

看看！简直就是一个跨国的厨子！这时的汪曾祺，也开始从中国吃到美国，吃向世界了。他的影响力，也从国内走向台湾，走向了华语世界的作家中。他的作品，在美国华文报纸登出，他的书版权转授到台湾。他在台湾已经很有影响力了。

四

一本《五味——汪曾祺谈吃散文32篇》，尽显天下美味。茨菇、蒌蒿、荠菜、枸杞、马齿苋、苦瓜、葵、薤、萝卜、瓜、莴苣、蒜苗、花生、韭菜花、菠菜、苞谷、豌豆、蚕豆、眼子菜、抱娘蒿、江荠，等等，都在汪先生笔下开花；鲥鱼、刀鱼、鮰鱼、黄河鲤鱼、鳜鱼、石斑、虎头鲨、昂嗤（刺）鱼、凤尾鱼、鳝鱼、螺蛳、蚬子、砗螯、河豚也在先生的文字中游弋。为了写这篇长文，我又将《五味》找出重读，于是每晚便蜷于沙发，一篇一篇翻去，一字一字诵出声来，真真是美味无穷。

一本薄薄的小书，所谈皆为吃喝：炒米、焦屑、咸菜茨姑汤、端午的鸭蛋、拌菠菜、拌萝卜丝……可写得文采缤纷，饶有兴致。《昆明菜》一篇，说到昆明的炒鸡蛋："炒鸡蛋天下皆有。昆明的炒鸡蛋特泡。一掂翻面，两掂出锅，动锅不动铲。趁热上桌，鲜亮喷香，逗人食欲。"真的把人的食欲给"吊"了起来。此文精彩处还多，我出声读一遍，你跟着我读：

华山南路与武成路交界处从前有一家馆子叫"映时春"，做油淋鸡极佳。大块鸡生炸，十二寸的大盘，高高地堆了一盘。蘸花椒盐吃。二十几岁的小伙子，七八个人，人得三五块，顷刻瓷盘见底矣。如此吃鸡，平生一快。

过瘾啵？再引一段：

昆明旧有卖燠鸡杂的，挎腰圆食盒，串街唤卖。鸡肫鸡肝皆用篾条穿成一串，如北京的糖葫芦。鸡肠子盘紧如素鸡，买时旋切片。耐嚼，极有味，而价甚廉，为佐茶下酒妙品。

是不是很好？可是汪老头后来还是忧心忡忡：估计昆明这样的小吃已经没有了。曾与老昆明谈起，全似孟元老《东京梦华录》中所记了也。不胜感叹。

《口味·耳音·兴趣》写到人的口味，"有人不吃辣椒。

我们到重庆体验生活。有几个女演员去吃汤圆,进门就嚷嚷'不要辣椒!'卖汤圆的冷冷地说'汤圆没有放辣椒的!'"。写吃,其实是写人,口气中把人物都托出来了。

　　除昆明的吃食,对故乡的吃食汪先生写的是更多。故乡是和童年联系在一起的,也是与食物联系在一起的。汪先生是十分热爱故乡的。他的作品,大部分写的是故乡。除写故乡的人和事外,多为故乡的风物和吃食。他在《故乡的食物》中极尽能事写故乡的那些吃食:故乡的"穿心红萝卜",故乡的荠菜、马兰头,故乡的芫荽(香菜),故乡的虾子豆腐羹,故乡的炒米,故乡的咸菜茨菇汤⋯⋯

　　他在散文中多次提到《板桥家书》:"天寒冰冻时暮,穷亲戚朋友到门,先泡一大碗炒米送手中,佐以酱姜一小碟,最是暖老温贫之具。"他在《炒米和焦屑》一文写道:"入了冬,大概是过了冬至吧,有人背了一面大筛子,手持长柄的铁铲,大街小巷地走,这就是炒炒米的。有时带一个助手,多半是个半大孩子,是帮他烧火的。请到家里来,管一顿饭,给几个钱,炒一天。或二斗,或半石,像我们家人口多,一次得炒一石糯米。⋯⋯一炒炒米,就让人觉得,快要过年了。"

　　晚年的汪曾祺,对故乡是念念不忘的。是呵,朱自清也曾说过,"儿时的记忆是最有味的",青灯有味是儿时啊。

　　有一年初夏,我回老家天长办事(我的家在高邮湖西岸),回北京时,从家里给汪先生带了二十几只"忘蛋"——就是汪先生在《鸡鸭名家》里写的"巧蛋""拙蛋":孵小鸡孵不出来的蛋。不知什么道理,有些小鸡长不全,多半是长了一个头,下面还是一个蛋。有的甚至已长全了,只是没有"出"出来。民间说,小孩子吃不得,吃了会念不好书,变笨。所以也叫"忘蛋",反过来说是"巧蛋"。——他非常高兴,因为他几十年见不到这样的东西了。只是"忘蛋"要会做才行。"忘蛋"剥开洗净,已变成小鸡出毛的,要褪绒毛,放咸肉片和大蒜叶红烧。

汪先生少年时在家乡是吃过"忘蛋"的。他自己说:"很惭愧,我是吃过的,而且味道很不错。"我给他带的那二十几个"忘蛋",不知汪先生吃了没有?吃后感觉如何?我忘了问他。倒是我一同给他带的一只风鹅,他念念不忘,说味道很好。风鹅各地都有,但我们家乡的风鹅,味道独特。每年都是我母亲在腊月里"风"。——风鸡不用捋毛,只要掏洞内脏,塞上盐和五香八桂,挂在背凉处。——母亲"风"的风鸡咸淡适中,酥、香,入口绵柔,实在是佐粥的好菜。

我在北京工作的时候,去汪先生家,他总是会留饭的。有一年,大约是1991年,我同爱人一起到他家,他留我们吃饭,给我们拌了一个凉拌海蜇皮,放了很多蒜花。至今我爱人还说,老头儿拌得真是好吃,又脆,又爽口,清淡不腻,实在好吃!

去年冬天,我回老家看望父母,特地开车沿高邮湖大埝绕了一圈。冬日的高邮湖冷清无比。湖边的芦苇直直地挺立着,连吹动它的风都没有。闪着白光的湖面,有船只泊在湖

记汪小等

凝视

上。我总觉得船上的生活有些神秘，多少有些浪漫的想象。我看着冬日湖上的白色水光，充耳是鹅鸭的声音，有夫妇在湖边结网。在湖滨的一个朋友家吃饭，除吃到湖里的大白条鱼，朋友的妻子还从一个小玻璃瓶中掏出小半碗腌小蒜。我白嘴尝了一口那久违了的家乡的小菜。仅一口，却一下子勾起了我儿时的记忆。我想，如若汪先生在世，我给先生捎上一瓶，先生定会非常高兴。说不定又会写出一篇《小蒜》。这谈吃的32篇散文之中又会多出一篇来!

五

汪先生在《家常酒菜》中说:

> 家常酒菜,一要有点新意,二要省钱。三要省事。偶有客来,酒渴思饮。主人卷袖下厨,一面切葱姜,调佐料,一面仍可陪客人聊天,显得从容不迫,若无其事,方有意思。如果主人手忙脚乱,客人坐立不安,这酒还喝个什么劲!

看过汪先生一张照片,穿着毛线背心,系着有图案的长围裙,站在一个案子前,案子上大大小小七八个碗盏里堆着各种原料和配料。汪先生手中端着一个瓷盘,神态自如,安闲若素,脸上带着微笑。这张照片是他和王世襄、范用在一次家庭聚会上拍的。记得范用写过,有一个时期,京中这几位"老饕",隔一段时间,聚一下,每人自带一个菜的原料,去到现场,自己动手,展示手艺。这张照片大约就是那个时期的产物,从照片看,汪先生正如他自己说的"从容不迫,若无其事"。

不过,汪先生能做、会做的,也只是"家常小菜",正如他多谈到的煮干丝、麻婆豆腐和茶叶蛋。他的小女儿汪朝对我

说过，别看老头子谈得头头是道，他自己会做的，也就是一些小菜，一些家常菜。那些鲍鱼、龙虾，一个是他吃的机会少，更没机会自己亲自弄，话说回来，他也未必吃得上。汪朗也对我说过，老爷子会做的、做得好的，也就是那几道菜。

说到豆腐，汪先生在《旅食与文化》题记中说，一次到医院做检查，发现食道有一小静脉曲张，医生嘱咐不能吃硬东西，连苹果都要搅成糜。这可怎么活呢？可是老头子还挺自信：幸好还有"世界第一"的豆腐，他说："我还是能鼓捣出一桌豆腐席来的，不怕！"

这并非妄话，汪先生对豆腐确是颇有研究。他有一篇长文，专门写各地豆腐，有北京的老豆腐、湖南的水豆腐、干豆腐、豆腐干、千张（百叶）、豆腐皮（油皮、皮子）。吃法有香椿头拌豆腐、虎皮豆腐、家乡豆腐、菌油豆腐、"文思和尚豆腐"、麻婆豆腐、昆明的小炒豆腐、高邮的汪豆腐、北京的豆腐脑、四川的豆花、扬州的大煮干丝、湖南的油炸臭豆腐干、杭州的炸响铃、安徽屯溪的霉豆腐……极尽豆腐之能事，把各地豆腐的做法和吃法介绍了个遍。汪老头以为香椿拌豆腐是拌豆腐里的上上品，"一箸入口，三春不忘"，麻婆豆腐和煮干丝是老头儿的拿手好戏，他说，"煮干丝成了我们家的保留节目"。干丝是淮扬名菜。大方豆腐干，快刀横劈为片，刀工好的师傅一块豆腐干能片十六片，再立刀切为细丝。这种豆腐干是特制的，极坚致，切丝不断，又绵软，易吸汤汁。煮干丝没有什么诀窍，什么鲜东西都可以往里搁，"我的煮干丝里下了干贝"，上桌前要放细切的姜丝,要嫩姜。——这已是很讲究了。

是的,豆腐是家常菜中的家常菜。梁实秋说,豆腐是中国食品中的瑰宝。连知堂老人都说"豆腐这东西实在是很好吃的"。知堂写过《豆腐》一文,他说,有一回家里在寺院做水陆道场,他去了几回,别的都忘了,只记得"有一天看和尚吃午饭,长板桌长板凳,排坐着许多和尚,合掌在念经,各人面前放着一大碗饭,一大碗萝卜炖豆腐,看上去觉得十分好吃"。但要把豆腐做好做绝做讲究,还是需要一些心思的。曾看过一篇写马叙伦的文章,马先生曾发明的一种独家秘方"三白汤",即:白菜、笋和豆腐。他曾在北京中央公园的长美轩写下"三白汤"的方子。他说正宗的"三白汤"要杭州的笋、杭州雪菜和天竺豆腐,这个汤的汁水要二十多种配料,材料"可因时物增减,惟雪里蕻为要品"。此菜一时为北京餐馆中的名菜,和"赵先生肉""张先生豆腐"一道成为风雅的肴馔。

汪先生写《金冬心》,写扬州大盐商程雪门宴请新任盐务道铁大人铁保珊,特邀金冬心着陪。在文中汪曾祺写了请客的场面,列了很长的一个菜单:宁波瓦楞明蚶、兴化醉蛏鼻、阳澄湖醉蟹、新从江阴运到的河豚鱼;甲鱼只用裙边,鲥花鱼不用整条的,只取腮下的两块蒜瓣肉,车螯只取两块瑶柱……这也只是汪先生的卖弄,正如黄裳所说的,是"才子文章","不过是以技巧胜"。这些菜若要叫汪先生做,他是做不出来的。(用他自己的话说:"是要'翻白眼'的。")也许,他根本不屑去做。

所以，汪曾祺的美食，也只是平民美食，是老百姓的"家常"美食。或者说，是文人的美食。汪曾祺自己也说：文人所做的菜，很难说有什么特点，但大都存本味去增饰，不勾浓芡，少用明油，比较清淡。学人做的菜该叫什么菜呢？叫作"学人菜"，不大好听，我想为之拟一名目，曰，"名士菜"。

汪先生的"菜"，大约即可称为"名士菜"的。这也符合他的性情。这个结论，是可以下的。

##

汪曾祺先生去世十五年了。十五年来他的作品出版的数量惊人（据人统计，有一百四五十种）。他自己做梦也不会想到，他有这么大的影响力，他在读者心中这么重。这真是这个老头子的一个意外收获。

汪先生去世前后，我在他送我的一本《汪曾祺散文选集》的扉页和衬页上记下了这么两段话。现我原原本本将这两段话抄在这里，作为此文的结束语。——这些随手记的话里，可能有病句、不连贯。但是，是原始材料，为存其原味，不做修改。直录原文如下：

今天（注：1997年5月10日，距汪先生去世前一周）同女儿到汪先生家。

先生属猴,他问女儿属什么?女儿说,属龙。我说女儿,她是叶公好龙。女儿说,属猴不好,不好听。我说,先生是叶公好猴。

我带了半斤安徽茶叶给先生,同时将一竹筒哈尼族僾尼人米酒给先生。

中午,汪先生留饭。我说:"喝米酒吧。"

先生说:"不喝,留着。你喝五粮液,你自己喝。"

我同女儿吃了许多菜。

先生猛喝葡萄酒。

先生说,过几天去太湖、无锡、嘉兴,环太湖三县(市),参加一个笔会。

中午我不肯去吃饭,汪朗说,就算我替老爷子请你。一句话,我当时木了,没觉出有什么。现在回忆起来,这句话真令我心碎。老爷子是爱我们的,他很善良、很慈爱,他的心是很细很细的。

汪朗握着我的手,用力一甩,我感到汪朗对我的友好及同他爸的情分(他是说谢谢你们对老爷子的情分?谢谢你们给了老爷子的不少的帮助?)我们帮助了吗?总是他在帮助我们呀!

今天送完这个人。这个人真的作古了。他不是去出差,也不是我忙不去看他,而是我永远见不到他了。

他永远不可能再同我说话,请教他有关问题,听他说一些有趣的事。他也无法再来关心我们，他也无力关心我们了。我们有无成绩他都不会管我们了。他在世时我们不努力，他作了古，我们想到这些了。

今天张兆和也去了，多么小巧的一个女人啊！当年沈老先生可是用了全身的解数。王蒙去了。铁凝去了。范用去了。范用不断地流眼泪。那个长长的窄盒子，汪先生这么一个聪明的智者，就被装在这小小的窄盒子里，且还编上了号。我怎么也无感觉，还帮助抬了。那小盒子装的是谁呀。是先生你呀。

1997年5月28日晚记之（注：这是给汪先生八宝山送别后回家晚上的笔记）。

抄上这些吧，一并纪念这位可爱的老头。

2013 年 4 月 7 日

原刊《读书》2013 年第 10 期

高邮有家"汪味馆"

在高邮"汪味馆"吃饭,饭后每人送了一小瓶纯手工制作的"咸菜茨菇"。茨菇切得薄薄的,与咸菜同炒,带回来用它就粥,却别有一番滋味。

汪曾祺在《故乡的食物》一文中写道:"……到下雪天,我们家就喝咸菜汤……咸菜汤里有时加了茨菇片,那就是咸菜茨菇汤。"汪先生十九岁离开家乡,几十年没有吃到过家乡的茨菇,汪先生写作风格一贯平实,可是在这篇散文中,他还是忍不住抒发了一下:我很想喝一碗咸菜茨菇汤。我想念家乡的雪。

如今这个在高邮是极其寻常的食物,却因为汪曾祺的文字,成了一个"文化符号",走出了高邮,走进了许多读者的心中。

汪曾祺真是个奇怪的现象。他的身后一点也不寂寞,反而极为热闹。他的文字不仅广为流传,他的为人也为人们所津津乐道。二十多年来(汪先生去世二十多年啦),他的书不断出版,纪念他的文字就没有中断过。由于"汪迷"众多,竟竟相出现"我也喜欢汪曾祺""我也是汪迷"这样的时髦话。好像不喜欢汪曾祺,自己的"格"就不高似的。

在高邮,汪曾祺这只"活鱼"(汪先生曾自语,说自己是只"活鱼"),被"烹制"成各种味道的"美食":汪曾祺故居、汪曾祺纪念馆、汪曾祺书房……连酒店的大堂、房间,都摆放着汪曾祺的照片和书籍。在他的纪念馆,将汪曾祺的菜单列了一大块展板,分为淮扬和京味两大类,达六十多个品种。因此开一家酒店,做"汪味菜谱"所列种种,也是顺理成章的事。

高邮"汪味馆"已经开了几年了,据说生意不错,近日又开了分店。分店开业时,恰好我人在高邮,有幸品尝了"汪味馆"的精美菜肴。

汪味馆的环境充满了汪氏气味。四层楼的走廊、包厢均悬挂了汪曾祺的书画和不同时期的照片,在每个包厢,陈列有汪曾祺各个版本的著作。在最大的包厢"珠湖人"厅,偌大的餐桌中央,摆放着汪曾祺新版书籍和研汪专著。那些书籍在满桌菜肴的包围下,同样飘着一种特殊的"气息",仿佛那些书本身也是美味佳肴。

"汪味馆"的菜肴当然要体现"汪曾祺"特色。汪先生曾自诩"这道菜是本人首创,为任何菜谱所不载",被他称之为"嚼之声动十里"的"塞馅回锅油条",肯定是少不了的。汪曾祺的拿手菜:杨花萝卜、朱砂豆腐、大煮干丝、干贝烧小萝卜等,当然也是不可少的。高邮湖的湖鲜,这里的"独门"食材：青虾、银鱼、螺蛳、虎头鲨、鲶鱼、麻鸭和高邮鸭蛋，等等，绝对是主打菜肴，比如，蒜苗烧鲶鱼、水晶虾仁、金丝鱼片和红烧昂刺鱼，则为汪味馆的"扛鼎"之作了。

沾高邮湖的光，湖鲜当为"汪味馆"的重头戏。但也还是有一些食材，也不是说有就有的。比如酸菜黑鱼片，这个菜其实并不稀罕，稀罕在黑鱼必须是高邮湖野生的，每条重都在七八斤以上。这样的黑鱼现在不多见了。这种鱼，多是"打"来的。有一类钓者，专门从事这个"专业"，用一只假青蛙，挂在钓钩上，在黑鱼经常出没的地方"打"。黑鱼都是有"地盘"的，而且是成双成对的。黑鱼在鱼类中是很凶猛的。它的"地盘"是不允许别的鱼"染指"的。"打"的人要会看水。在水草多的地方，要能分别出哪一堆草是"草窝"——黑鱼的窝。于是便用假青蛙轻轻去"打"。黑鱼误以为真青蛙跳入草丛，上来一口（黑鱼吃食是很猛的），即把假饵吞食，一条极大的黑鱼便被钓上。不过现在野生黑鱼也并不好"打"了。有时一天也只能"打"一两条，也有空手而归的。因此，吃到这样的鱼，就显得尤为难得了。这样的野生的黑鱼，味道自是不同。所谓美味，也是要食材至上的。

比如红烧汪丫，也是要用野生的。一条大约都在二三两左右。野生的汪丫都很瘦，不像饲料喂的，都挺个大肚子。红烧汪丫在大火猛攻之后，一定要文火慢炖。中途不能断火，断火再热，鱼肉必老，吃汪丫吃的就是一个嫩。因此在上桌前，要一直小火保温。上桌之后，撅上一条，入口即化，鲜美无

1993年在家中

比，如果再用鱼汤拌饭，那简直是人间至味。在餐桌上，我就用汪丫"卤子"拌了两次饭。可以说，人间食事，没有比这更美妙的了。

高邮"汪味馆"吃了一回，感到汪曾祺已不仅是一个文学现象。他已走进了我们的日常生活。"汪味馆"生意的蒸蒸日上，就是一个范例。关于汪曾祺的趣闻逸事，也已成为文人茶余饭后的谈资。记得学者孙郁先生一次说过，可惜给汪曾祺的时间太少了——他六十岁以后才得以真正的写作——否则，他就是当代的苏东坡呀！

是不是苏东坡咱不敢说，但汪曾祺在离世后的这二十余年，其影响力已远远超过生前，甚至有"爆棚"之势（连"全集"刚出版不久，又重印了一次），这是不争的事实。

2019年6月3日

汪迷客栈

高邮人真是聪明,生生把汪曾祺做成了一个品牌。汪先生虽然从1940年即开始写作,但他真正成名是20世纪80年代。一个当代作家,被高邮人做成一个历史人物,不得不佩服高邮人的智慧。

汪曾祺去世不久,高邮即建成了汪曾祺文学馆,放在了文游台内。文游台是啥地方?是苏东坡、秦少游、孙觉和王巩雅集吟诵之所也。在高邮东郊高地,建成传统院落,高高低低,有亭台楼阁,树木蓊郁,实是一处好园林。传说此台初建于北宋,距今已有一千多年。汪曾祺文学馆就放在了东小院,与秦少游资料馆同处一所,十分相宜,真让人有一种思古之幽情。

那个文学馆我去过多次。曾一个人在那个小院中坐了很久(那个小院经常空无一人)。院内有一座汪曾祺先生的塑像。汪先生坐在那里,很随意。我坐在院门的石阶上,与汪先生对坐,就这样对视良久。院内鸟雀啁啾,墙角一树枇杷结满果实，枝叶坠地。

那个文学馆朴素幽静，文游台也是汪先生儿时经常来游玩之地，文学馆放在文游台，再适合不过了。

后来听说高邮要建汪曾祺纪念馆，建在东大街汪曾祺故居的边上，而且是现代建筑，刚开始我颇不以为然，认为东大街忽然冒出个现代建筑，破坏了老街的整体性，而且也不协调啊。（心想如果要建一个四合院还说得过去。）

纪念馆建成。在汪曾祺故居的背面，矗立起了一座高大的建筑。新馆建成后，我又去过多次，慢慢地我也接受了。觉得东大街本来该是这个样子。最可喜的，是汪曾祺纪念馆扩大了许多。（原来在文游台，只有几间不大的平房，而且我固执地认为，平民的汪曾祺，本该就是这个样子的。）而现在的新馆，真正是一个名副其实的纪念馆了。展厅宽敞了，展品丰富了。而且更重要的是，方便了交流，有了开展讲座、进行论坛的地方。

真是一个奇妙的想法。在纪念馆的背后，还建有一座灰砖黑瓦的院落，花窗月门，树木葱郁，谓之汪迷客栈。客栈有客房几十间，祺菜馆一座，可食可宿。客栈接待各方汪迷，祺菜馆专做汪氏家宴，有多款汪曾祺生前爱做会吃的菜肴被开发出来：大煮干丝、汽锅鸡、塞馅回锅油条……

我坐在汪迷客栈院落二楼的阳台上，眼前正对汪曾祺纪念馆的流线的飞檐。近前院落中的桂花、紫薇、乌桕、石榴、爬山虎……正是九月的好天气，一切都是那么的安静、明媚。

  我久久地坐在阳台上，痴痴地望着那座恢宏的建筑，思绪缥缈，想想这个院落的春夏秋冬，春条蔓发，秋虫低吟，星月满天，冬雪覆树……想想这个纪念馆的主人曾经给予我们的点滴好处，想想这个人走了之后二十多年发生的事情，想想这个主人如果坐起来，见到这么一座纪念馆该作如何感想……我的目光被拉得很长很长。

2021 年 11 月 10 日

（原发《北京青年报》2021 年 12 月 5 日）

高邮吃蟹

汪曾祺先生在《四方食事》中写到吃虾籽豆腐羹，鲜得连眉毛都掉了。其实食蟹，特别是吃到比较好的蟹，同样也会"连眉毛鲜得都掉了"。此次到高邮，正是好季节，吃了几次蟹，不能忘也。

我有几次吃蟹印象较深的记忆。

有一年在苏州，在太湖边吃了一次蟹，一只蟹足足有半斤多，肉足黄饱。就一只蟹把我吃饱了。吃蟹之地在湖滨一处农家，目接湖水，湖风拂面。去年秋天，一个朋友约吃蟹，说有人送了阳澄湖大闸蟹，约我们到她家，吃蟹掼蛋。这也是一次深刻的吃蟹经历，朋友约了几个闺密，连我只有两位男士。开席之后，几杯茅台下肚，心跳加速，双眼迷离，就见一群花枝招展喧声笑语，这时蟹上来了，每个都极大，壳通红。我挑了一只母的。剥开团脐，就见一块一块结成饼状的蟹黄，我剔出一块，厚实板结，色质金黄。我像吃奶糕一样一口一口去吃。非常有嚼头。如此吃蟹黄，真是糟践！即如《红楼梦》里的刘姥姥：老刘老刘，食量大如牛，吃个老母猪不抬头……不过，说过瘾，还真是过瘾！

但这些都没有今秋在高邮吃高邮湖大闸蟹印象之深刻。

原因是遇见了两个高人：戴爱群和张少刚。

戴爱群是著名美食家，著有《口福》和《先生馔》等专著，一生俯首，甘为美食。而少刚先生则是著名烹饪大师，是北京前门一家著名餐厅的总厨。由这两位先生合作做了一次蟹宴，真使我大开了眼界。少刚在北京，每年都要做一桌全蟹席，用一百只大闸蟹做十来个菜。我知道的，有"糟熘金耳蟹腿""蟹酿橙""锅塌蟹粉豆腐""籴大甲"。因为在高邮，少刚又做了一次，我得以品尝到这几道菜，真是三生有幸！

蟹酿橙，一盅明灿灿的金黄，一盅金色的欲望。是谁人想起的这种刁钻的吃法！从戴爱群先生的书中知道，此菜宋代就有了。戴先生是从《山家清供》一书中了解到的：

> 橙用黄熟大者，截顶，剜去穰，留少液，以蟹膏肉实其内，仍以带枝顶覆之，入小甑……蒸熟，用醋、盐供食，香而鲜。

香而鲜乃实情。有橙子的清香，又有大闸蟹的鲜美。但这么精致的吃法，说是从宋代就有了，我真的有点不敢相信。汪曾祺先生在《宋朝人的吃喝》一文中说，宋朝人吃食多简单，而且清淡。不过洒家也管不了宋朝人的事。且喝了这盅!

——这一盅,要两只蟹才够!

"锅塌蟹粉豆腐",两块豆腐切成方块,内夹蟹肉,合起来,挂粉之后,裹上鸡蛋黄,下油锅去炸。待炸定形捞出。剩余蛋黄下锅去炒,炒得干干的,加水,烧汤,见开,捞出蛋花,只剩蛋汤,再将炸好的豆腐下锅,略为见开,捞出装盘。此菜特点是嫩滑鲜美。豆腐嫩滑,蟹肉鲜美。

"佘大甲"其实是收口羹。小小一盅明晃晃的汤,里面有几枚整瓣的蟹螯肉。汤色高亮,实为鸡汤。为爽口起见,撒上几根香菜末,加入少量米醋和胡椒粉。一盅下肚,酒足饭饱。阿门!

"糟熘金耳蟹腿",一只只的蟹腿拆下就是功夫!加黄耳(桂花耳)用高汤去炒,将蟹做出如此豪华的吃法,平生估计再难遇到矣!

将这两位先生引至高邮的,是美食家汪朗先生。汪朗是汪曾祺先生长公子,举止做派颇有乃父之风。著有《刁嘴》和《食之白话》等馋人之书。与其父同出一辙,也是馋人一枚。与之酒后闲话,如坐春风,实谦谦一君子也。噢,至此我忽然想起,我还在汪家吃过一次醉蟹呢。应该是20世纪90年代初,那时汪曾祺先生还在世,一次去汪府,汪先生从一只坛子里,攥出几只醉蟹。那是我平生第一次吃醉蟹,所以印象深刻。吃醉蟹,就吃的一个鲜。其实,更是一个味字。更深一层,就是吃的一个趣味,如赏梅观雪,如看字品茶。

此番高邮之行，使我对蟹又多了一层认识。食蟹之余，还举行了座谈。不仅品了美味，还长了见识，对高邮湖大闸蟹品质有了更多的了解，知道高邮湖是悬湖，水是活的。高邮湖蟹是天然生长的，吃的是浮游生物，味道格外鲜美。有顺口溜云：壳是青的，肉是白的，毛是黄的，味是鲜的。知道蟹有六等：一等湖蟹，次之江、河、溪、沟。最次为海蟹。我曾吃过多处海蟹，一次吃了朝鲜的海蟹，味甚美。是不是最末一等且不去论，但湖蟹是最美的，这是不容置疑的。我意犹未尽，还乘兴在宣纸上写下了南宋曾几的一首《文游台》：

忆昔坡仙此地游，
一时人物尽风流。
香莼紫蟹供杯酌，
彩笔银钩入唱酬。

苏东坡肯定是来过高邮的。千古文游台便是明证。秦少游对苏东坡的尊崇，更是无以言说。史载公元1084年，即北宋元丰七年冬天，苏轼来到高邮，与孙觉、王巩等同游城东高台，登高望远，高邮湖尽收眼底。苏东坡是个大吃货，高邮湖大闸蟹肯定是要品尝的，所以便有"香莼紫蟹共杯酌"之美传。

其实对于蟹，我是熟悉的。我的家乡在高邮湖西岸，小时候，鱼虾蟹是不缺的。不过那时候，我不记得螃蟹还可以入工养殖,我们所食之蟹,多为野生,个头极小。有一年,在老人开的池塘里,不知为何下了许多蟹苗。有一天夜晚,我想应该是初秋,我们几个孩子,点了一只马灯,到塘边捉蟹。螃蟹喜欢光,马灯一照,螃蟹都纷纷爬了上来,一会儿工夫,就拾了半铁桶。回去之后,趁大人不在,倒到锅里去煮,熟了一通乱吃。吃多了,肚子疼了几天。

这大概是我对螃蟹的最早印象了。

当然以上记忆,则是关于蟹的一点点的印象,也是我的一点食蟹小史吧。

2021 年 9 月 30 日于高邮,11 月 10 日改

(原发《北京青年报》2021 年 12 月 5 日)

高邮大包子

包子的嘴有个专用名词：秋鱼嘴。亦称鲫鱼嘴。一笼包子上来，一个个小"嘴"向上，真像一群鲫鱼"鲽"水。每一个包子都十分"壮肥"。壮肥，我想，是相对于虚肥。这个意思想必不用多说。

张宝年相貌堂堂，脸上有"英"气。做一个演员，演一个学者或者大员，绰绰有余。可他却是个"厨子"，一个特级厨师。他对我们说起"白案"的做法，轻松，自信，仿佛是说一点自家的事。

高邮的美食天下闻名。"闻名"的使者中的"翘楚"，当属汪曾祺。汪曾祺既是我们喜爱的作家，又是一名资深"吃货"，一个真正的美食家。

在高邮，现在有多家"汪味馆"或者"祺菜馆"，专打汪曾祺牌。汪曾祺已走了二十多年，可他的影响力一点不减，颇有一点苏东坡留给后世的余韵。

张宝年当年曾专门为汪曾祺做过包子。汪曾祺吃后，竖起大拇指:"是高邮的味道。"

汪曾祺第三次回乡,也是最后一次,时间大约是在1991年。一天,乡贤朱延庆先生领着汪曾祺去"吃早茶",就是来到张宝年当年所在的实验菜馆。张宝年亲自动手,为汪曾祺做了蟹黄包、翡翠烧卖、野鸭菜包、大煮干丝、千层油糕和五丁大包。

汪曾祺吃后竖起了大拇指。

张宝年他们这一代,算是高邮老一辈厨师了。还有唐惠生、姜传宏二位先生,都已经是七十左右的人了。他们说起当年的往事,依然是激情满满。

"过去做厨师苦哪!"唐惠生感叹道。

1960年学徒,做点心,红案白案。夏天早上三点起床,冬天早上五点起床。夏天睡案板,冬天睡锅堂。一天只睡几个小时,那时还是伢子,精力好。在师傅到之前,洗案台,烧炮台炉子,掏灰加炭,洗汤罐(过去锅边上烧水用的),调料盆子要洗得干干净净。

做包子,现在是绞肉。过去都是手斩。一对大刀,七斤四两。斩肉是有讲究的。刀的起落要有节奏,"凤凰三点头,二姑娘爬楼梯"。

"笃,笃笃笃;笃,笃笃笃……"

"笃笃笃笃笃……"

选料、制作都要讲究。过去做包子有四句话:壮肥大酵,精肥漫涨,紧捏细化,兜汤成圆。前面两句是说发面的过程,后面两句则是包包子的方法。

"紧捏细化",七十六岁的唐惠生说,这四个字是要量化的,一个大包二十八到三十二个花头,馅子要和口一样平。

包子皮在手心拍,正好利用手心的凹陷,使包子皮底部中间厚一点,托住底,才不会露馅。一个包子,中间一剖,两边均匀,中间略厚,这才标准。荤素馅的又各不相同。素菜的馅要用"小满菜",不能用"大头青",蒸出来馅子"碧青",这才爽口。肉包子要用黑猪肉才好。

高邮五丁包也有特色。鸭丁、肉丁、笋丁、海参丁、香菇丁,馅心必须要过烹饪这一关,荤素不能同炒。荤的必须先下锅"滗",出油,之后才放入其他"丁",原汤烧,火候掌握很关键,大火烧开,小火收汁,之后才是挂芡。

馅好包出来的包子才好吃。有一年古园林学家陈从周到高邮来,吃了高邮的五丁包,笑言道:"扬州包子下乡了!"

其实,高邮不仅包子好吃。高邮菜也是一绝。

炒鱼片、炒肥肠、炒猪肝、炒腰花、炒肉丝、糖醋排骨、醋熘鱼、烧杂烩、肉圆、鱼圆……都是家常菜,看起来简单,做好却不易。一个名菜是烧出来的,火有旺有微。火候要考究。根据原料质地,该大则大,该小则小。选料要严,制作要精。什么菜浓汤,什么菜淡汤。"丁丝条块",丁归丁、条归条、丝归丝、块归块,这些都要做得"清爽"。

"厨师易学难精",张宝年给我感叹,"行行出状元。学手艺要吃得苦,用现在话说,叫'工匠精神'"。

"人走了,菜要留下。"

许多优秀的名厨并没有后代学习厨艺。他们更愿意将自己的手艺传向社会,造福后人。

2021 年 5 月 31 日于高邮

(原发上海《文汇报》2021 年 8 月 7 日"笔会")

—— *辑四　梦见汪曾祺先生*

浪游数得路千程
——《汪曾祺别集〈旅途杂记〉》编后记

近常翻《汪曾祺书画集》。

这个夏天南方多雨,六月以来,已滴滴答答下了一个多月,南方已有多地受灾。前一阵与友皖南行,亲见洪水汤汤,甚是惊骇。回到家,每日就枯坐一室,实在寂寞,就顺手抓过《汪曾祺书画集》,一页一页去翻。

这本书画集,是汪先生第二本书画集。第一册印行于二十年前。印量少,已十分难得。这一册是今年先生一百周年诞辰,由文津出版社印制,亦十分精美。其中许多作品,也是第一次面世。

书画是汪先生记录其行旅手段之一,同他用文字记录一样,都是为了表达心中留下的印迹。

这样文字与绘画与诗歌(包括旧体诗和现代诗),对照着看,互相印证,十分有趣。

汪先生实在是个有趣的作家。

这册《旅途杂记》,收先生诗四组,书信二通,文二十九篇。皆为行迹纪录。新疆、云南、四川、福建、香港，还有海外的美国……

汪先生是喜欢行走的。七十岁后，他还参加作家采风活动，1997年5月去世，可能与他参加四川作家采风活动累着有关。有一年我们去他那儿，他刚从台湾回来，他感叹地对我说：这一次到台湾，真正感到自己老了，累得要命。

他每到一地，多少都会留下一点印记。这次台湾之行，一字未留。只有一张照片，一张在怀素《自叙帖》大草下面的照片。

汪先生曾借别人之口说：汪曾祺的散文比小说好。这是先生为《蒲桥集》的推介，而写的一段文字。广告而已，当不得真。又有人说，汪先生的游记没有他写家乡、昆明和花草虫鱼的好。我并不这么认为。我认为汪先生的文字都甚好。这册《旅途杂记》里的散文，过去基本都看过，再看，并不厌。仍然很喜欢，不经意处，或亦一粲。我自己总结汪先生文字（不仅仅是散文）的好，有这么两点认识：一是语言朴实，二是态度诚恳。他的行旅类的文字，亦然。汪先生曾评价铁凝，说她"俊得少有"。用这四个字，来评价汪先生自己，也甚准确。他语言简洁，娓娓道来，不疾不徐。偶用古语奇句，极有情致。用现在年轻人的话说，真正是：美美哒。

这一册散文集中，有几篇，我每每看到，都会一笑。让人称道的，《湘行二记》(《桃花源记》《岳阳楼记》)，且不论。仅一个《兵马俑的个性》，我就看过多遍，每看一遍，我都会

笑起来。兵马俑这么有名，总会有些作家写过兵马俑。但我想没有一个作家如汪先生这么写的。他写得那么诚恳，那么将心比心，诚诚实实写出自己对兵马俑的认识。

有一个胖子，他的脑袋和身体都是圆滚滚的（他的身体也许是特制的，不是用模子扣出来的），脸上浮着憨厚而有点狡猾的微笑。他的胃口和脾气一定都很好，而且随时会说出一些稍带粗野的笑话。

这是一个多么诚实、可爱的作家！

《皖南一到》，也是我喜欢的。不仅是他写了我工作、生

1996年5月在家中

活多年的安徽，或者是我曾去过无数次的皖南，而是因为他写到，在黟县一个解说员要给他看一个"宝"：一只干制的野人脚！是不是野人脚暂且不论，这只是汪先生皖南之行的一个很小的插曲。这有什么可写的，可汪先生就是这么好奇。他确实是个好奇的、有童心的作家。他老是夸奖西班牙的阿左林，说他是一个诚实的作家。汪先生自己又何尝不是呢？

汪先生在当代作家中，确实是独一无二的异数。

《泰山片石》也是我喜欢的，里面有许多美丽的细节。他写中溪宾馆：

> 中溪宾馆在中天门，一径通幽，两层楼客房，安安静静。楼外有个长长的庭院，种着小灌木、豆板黄杨、小叶冬青、日本枫。庭院西端有一石造方亭，突出于山岩之外，下临虚谷，不安四壁。亭中有石桌石凳。坐在亭子里，觉山色皆来相就，用四川话说，真是"安逸"。

这一节可以反复读，能读出汪曾祺的节奏。亦可与《四川杂忆》中"北温泉"篇同读，殊有异趣。

在汪先生书画集中，有一幅书法作品，是先生六十七岁生日的自寿诗。内中有两句：

> 弄笔偶成书四卷

211

记汪小等

> 浪游数得路千程

汪先生是喜欢行旅的，他用两副笔墨记录自己的游踪和所感：一个是书画，一个是散文。皆可喜。

2020 年 7 月 15 日，雨中

一套洁净明白的书
——在《汪曾祺别集》首发式上的发言

我们今天见到的这套《汪曾祺别集》,在汪曾祺作品出版史上应该是一件大事。《汪曾祺全集》和《汪曾祺别集》的出版,应该是汪曾祺经典化过程中的一个重要成果。浙江文艺出版社应该对这套书充满信心,而且这是一套常销书,它会产生久远的影响的。

汪曾祺生前,对自己书的出版是有要求的,可是他没有机会为自己的书做一次设计。有些书,他收到样书也无可奈何。他生前,浙江文艺出版社曾给他出过两本书:《菰蒲深处》和《晚翠文谈》。这两本书他都送给我过。《菰蒲深处》是一个红色的封面,配一幅民俗似的人物剪纸。汪先生给我的时候说,像个儿童文学。沈阳出版社也曾出过一本《汪曾祺散文随笔选集》,封面是白色的,左下角插了一个图,是一个老头睡在葫芦里,他送我时,在扉页上签了一句话:"我并不生活在葫芦里。"漓江出版社也曾出版过一本《汪曾祺自选集》,是一个浅紫色的封面,封面上三个绿色大字"自选集"特别抢

眼,出版社送样书时,汪先生开玩笑:"蓝配紫,臭狗屎"。当时的社长聂震宁说:"臭狗屎就臭狗屎,书反正是好书。"

这些故事现在看来已成雅谑,但可以看出,汪曾祺对书的装帧印制,是有要求的。见到一本精美的好书,他也会很高兴。

1985年出版的《晚饭花集》和1988年出版的《晚翠文谈》,封面的书名题签,都是汪曾祺本人写的,只是在书的版权页上都没有署名。从这一点,也可见出汪先生的自信。

我想,这套《汪曾祺别集》的出版,是应该符合汪先生的审美要求的。如果先生在天之灵能够见到,是可以让先生高兴高兴的。这是讲的第一点。

第二点,这套书的编者,也都挺有意思。

我们这些人,有一大部分是在喜欢汪曾祺先生的道路上相互认识的,认识的过程和方式也各不相同,每个人的特长和兴趣也殊异。李建新三年级遇到汪曾祺,读了图画本《陈小手》便念念不忘,之后成了编辑,似乎是专为编汪曾祺书而来的。徐强十多年前就常在我们面前叨叨,要编汪曾祺年谱,孜孜矻矻,终于完成80万字的皇皇巨著《汪曾祺年谱长编》,我和龙冬青年时当为文学青年,认识先生本想学习创作,到头来却成了汪曾祺的研究者,杨早才子、顾建平兄皆为妙人,他们都拥有北京大学金字招牌,他们的才学和见识,与母校交相辉映。王树兴兄乃先生高邮同乡,曾为先生提供郑板桥之"暖老温贫"四字,古有一字之师,树兴乃四字耳。齐方、汪卉为先生孙辈。(陶)庆梅(戏剧专家)、(凌)云岚(学者),(宋)丽丽(散文家),皆不一一。总之,有这么一群人,编这套先生"别集",本就是一个佳话。当然,这套书还有汪朗兄和汪朝大姐挂帅,他们在默默地把着方向呢。

第三点,我与汪先生的渊源。

我喜欢汪先生三十多年。网上有人说,有个叫苏北的,好像大半生都在欣赏和品鉴汪曾祺的人和作品。这个说法大致没错,因为岁月匆匆,因为人生苦短,什么事还没有做,人生大半截却没了。这十多年我出版了《忆·读汪曾祺》和《汪曾祺闲话》等书,算是"这半辈子"的心血。我本来是写小说的,也读过许多世界名著,二十几岁写作时为解决语言问题,受程千帆老先生一句"抄书一遍胜读十遍"的影响,将汪先生的《晚饭花集》抄在了四个笔记本上,由此与汪先生结了缘。

后来有幸认识先生,受到先生的教育。特别是我到北京工作的几年,与先生多了些接触。说来惭愧,刚开始跑经济报道,一年来先生家也只几回,后来干了副刊,才逐渐多些。我曾一次跟汪先生说过,什么时候我们谈一谈,做个录音。他说可以,可实际上我那时候整天在外面乱跑,根本没有做这样的事情,现在看来是一个很大的遗憾。如果当时能做一个录音的话,那将是一件很有意义的事情。去先生家的次数多了,有时也做一些记录。主要记一些有趣的事情。后来我整理过一些,发在《上海文学》上。

应该讲,汪先生在世时,我们并没有用心去理解他、认识他。只到他去世后,才慢慢发现他这么丰富。他从创作的一开始,就是一个异数,他的一生的创作,是逆潮流而动的。他自己说过:我就是要和别人写的不一样。正是这样的"不一样",成就了一个了不起的汪曾祺。我们编这套《汪曾祺别集》,就是要告诉读者,汪曾祺是了不起的。

汪先生在世时,曾反复说,好的语言,应该是让人一看就懂,一听就明白。我希望我们这套书,能让读者一看就明白。

我已说得很多了。不说了,谢谢大家。

2020年12月23日,北京现代文学馆,2021年1月6日改定。

汪曾祺为我们改书名

1989年秋,我们几个在县里写小说的,想出一本合集,以为纪念。起这个念头的是龙冬。本来我们定的书名是《四人故事集》,收王明义、龙冬、钱玉亮和我四个人的短篇小说。一人出几篇,一本书,大约十六万字。我们在创作上,主要受到沈从文和汪曾祺影响。龙冬建议最好能由汪曾祺先生写个序。这个任务他们交给了我,要我给汪先生写信。我大着胆子给汪先生写了一封信,所说大致就是上面的意思。没想汪先生非常痛快,很快回了信,同意给我们写序。

信很简单。汪先生写道:

  立新:信收到。我可以写序,但最好你们每人寄一篇作品给我看看,这样写起序来可以较为切实,不致完全架空立论。

  书名不好,但一时也替你们想不出更好的。如想出,当函告。

即候安好!

汪曾祺
11月28日

立新是我本名。苏北是我后来的笔名。

过了一个多月,序寄来了。写在三张大大的(24×25=600)人民文学出版社的稿纸上,落款是"1990年元旦"。同时给我们寄来几张用毛笔写在宣纸上的书名。他为我们想的书名是《江南江北》,见到汪先生的这几个题字,清秀俊隽,字略偏,行中带隶,极有韵味,我们高兴极了,开始忙这本书的出版。可是那个时候,出一本书是多么不容易呀!七拖八弄的,还是钱玉亮各方想办法,直到1994年9月,才在安徽文艺出版社印出来。

那篇序近两千字,序的题目就是《读一本新笔记体小说》。这篇序文后来由《光明日报》的编辑拿去登了出来。

值得一提的是,他在序里对我的中篇小说《蚁民》进行了评价:"对蚁民的平淡的悲欢几乎是不动声色的,亚宝和小林打架,一个打破了头,一个头颅被切了下来,这本来是很可怕的,但是作者写得若无其事。好的,坏的,都不要叫出来。这种近似漠然的态度是很可佩服的。"

当然最可惜的是,那个题写书名的原件,后来拿到印刷厂排版，转来转去，不知转到哪儿去了。不久前我还问龙冬，他也不知道。好在龙冬有很好的复印件，还是蛮清晰的。我也叫他复印了一份给我。我收藏好了。有兴趣，就取出看看。睹物思人，有时也想念这个写字的人呢！

2019 年 12 月 1 日

梦见汪曾祺先生

昨夜五更头醒了一次,起来如厕,天气清寒,于是又上床靠了一会儿。没想又迷迷糊糊睡着了,梦见汪曾祺先生,那么清晰。

去了个地方,已经好几天了,也不知是个什么活动(最近参加了几次汪先生"别集"的宣传)。活动完了往回走,是三个人,另一个好像是龙冬。走到一个悬崖边,半边是山,半边是溪。这个山口已走了好几回。刚要转过一个山口,汪先生忽然一跳(他穿着米色风衣),一把就将悬崖壁上挂着的一个金黄的癞葡萄给拽了下来,抓在手上。那个癞葡萄极大,形状像一个农家忘了摘的(或留着做种的)大丝瓜一样,只是颜色是金黄的。纯正的金黄,泛着光。

汪先生挺得意,就将那个大癞葡萄在手中提着,走时随膀子一甩一甩。

我说,你是前几次从这过就注意到了吧。

汪先生得意:当然,我一直就留意它了。

悬崖上非常光滑，癞葡萄的藤蔓贴着悬崖的缝隙攀爬，蔓和叶都枯黄了，只有这一个大癞葡萄挂在空空的崖壁上，金黄的一个大瓜。

我心里有点酸酸的，来回走了好几遍，自己的观察生活能力哪儿去了？

一个美，又给汪先生发现了。

边上站着的龙冬，他一直在笑。

汪先生得意地甩着手中的那个金黄的瓜（癞葡萄），忽然脚下一滑，一个趔趄，一屁股摔了下来。跌倒了。

把我和龙冬吓了一跳，赶紧过去蹲在身边。汪先生半躺在地上，几缕灰白的头发滑到额上，一只膀子斜托在地面。我说，赶紧起来吧！我扶你起来。

于是我单膝跪地，一手扶住他的腰，一手托住他的脖子，一用力（他还挺沉），给托起来一些，汪先生忽然大叫：

"啊哟啊哟……"

我们吓了一大跳，一看，不知是脖子还是腰那儿扭了。这事可大了。

我不敢动，龙冬也蹲在一边。

就这样扶着腰托着头，与汪先生那么近。汪先生身体很柔软，手绵软温热。身体没有一点老人味。心中仿佛觉得十分欢喜，这个老人很爱清洁。

就这样斜托着，不敢动，也不知道腰受伤到什么程度。

过了好一会儿，汪先生说，再慢慢起来看看。

这一次我们更加小心，慢慢用力，终于汪先生坐了起来；再一会儿，站起来了。

他左右甩甩胳膊（那个大癞葡萄刚才跌跤时被甩了老远），又动动脖子。咦！没啥情况。他又撂撂腿，扭扭腰。一切正常。他又轻轻地蹦了两下。很轻松的，没事。

我们都挺高兴。

清晨梦见汪先生，恍恍惚惚的，但那么清晰。窗外正下着雪，昨晚就开始下了，起来拉开窗帘，远处屋顶上一片洁白。好大的一场雪。

先生去世已二十三年了，他仿佛还活着。

2021 年 1 月 9 日

三个小汪迷

去年是汪曾祺先生一百周年诞辰,我参加了一些纪念活动。在活动现场,遇到三个小汪迷,挺有意思,似可一记。

在深圳龙岗的《汪曾祺别集》分享会上,有一个小读者。她直直地坐在第三排的中间,圆圆的脸上,戴一副眼镜。她的目光似常和我对视,于是我递过话筒,问她:你读过汪曾祺的什么作品?小姑娘站起来,不慌不急地说,我非常喜欢汪曾祺写的东西。他能把汉语写得那么美,充满了中国文化的魅力。就这两句话,出自一个女孩之口,我有点吃惊。我问她几年级了?她说六年级。之后她又说:"我要是能有这样一位父亲就好了。用现在流行语说,最好能有'一打'。"

台上台下都笑了起来。

她又说,我辅导邻居家初一的孩子作文时,看到过一篇《我们家的老头儿汪曾祺》,也非常喜欢。

六年级给初一辅导作文?这个机灵的丫头让我们惊奇。

也是在深圳书城的活动上,分享已快结束,第一排的一个男生,跑到台上接过话筒,又跑回原地,这时他的脸已经像关公一样通红,他拿着话筒想说话,憋了半天,还是一句话没有说出来。我对他说,不急,慢慢说。他急着要掏手机,手机上可能记的有。可是他紧张得连手机也掏不出来,他就这样拿着话筒,结结巴巴,一句话也没有说出,只是重复地说:我太紧张了。这个瘦长的、并不高大的青年,他那么腼腆,简直害羞极了。他就那么拿着话筒站着,又不想放弃,他憋了半天,最后终于憋出一句话来:"汪曾祺那么温暖,他是怎么哄女孩子的?"

这个孩子刚到深圳两个月,他才23岁。他似乎失恋了。

在苏州大学,我做过一场《今天我们如何读汪曾祺》的报告。报告结束,有许多听众上来交流,一个苏大老师走上来合影,说,讲得太好了,我专门来听你这个讲座的,我喜欢汪曾祺几十年了,他的作品我都很熟悉。这时一个女生在边上,她说也要和我照个相,这个女生看起来很小,像大一的学生。照完相她对我说:我非常喜欢读汪先生的作品,中学时有一阵我情绪低落,我就看汪曾祺的书,他的《徙》给我印象太深了,我到现在都能背出其中的许多段落,她说,高雪死后,汪曾祺写道,说着她便背了起来:"墓草萋萋,落照昏黄,歌声犹在,斯人邈矣。"写得多美。她说。

她背诵这一段的时候,我脑子高速运转,想她背的这个,在《徙》这篇小说的什么地方，可是我这个"资深"汪迷，磕磕巴巴，也没能跟上她的节奏。

这个女生我忘了留她的手机或者微信，她长得十分清秀小巧。我知道她是扬州人。

原发上海《文学报》

一册汪曾祺故乡的文学图谱
——序姚维儒《琐忆汪老》

高邮姚维儒先生加了我的微信,之后对我说起他写了一册有关汪曾祺的书,内容主要是汪曾祺关于故乡的小说、散文中涉及的故乡的人事,他以邻里的身份进行解读和钩沉,这倒是一件有趣的事。

但我与姚先生不熟,不知他的任何信息。他希望我写序,我有点犹豫。之后姚先生将书稿发来,我先粗粗看了看。之后与姚先生通了一番电话,我才知道姚先生是一位医生,是皮肤病的专家。今年已近七十岁的人。我于是肃然起敬,是兄长呢。

高邮真是一个奇特的地方。以家乡的名义打汪曾祺牌,当然是明智之举,先有汪曾祺故居,再有汪曾祺纪念馆,之后是一系列的纪念活动:汪曾祺逝世十周年、二十周年,汪曾祺九十周年诞辰等等,后来是开发汪曾祺,先从美食开始,开办了汪味馆、祺菜馆,据说生意不错,汪味馆近又开了分店。后又建了汪曾祺书吧(书吧是一种新流行呢)。为纪念汪曾祺诞辰一百周年,高邮市政府近又扩建汪曾祺故居,估计明年即将有一座崭新的故居立于高邮的东大街上。

在汪曾祺研究方面,高邮更是人才众多,前有陆建华、王干、朱延庆、陈其昌等诸位先生,近又有一大批汪的研究者,特别是年轻的研究者脱颖而出,建了许多个汪迷群,就高邮"汪迷部落",每天都有新文章,空前火爆,以至引来了高邮之外的包括京城的一帮汪迷、汪粉和研汪专家们。

喏,眼前的这位姚维儒先生,虽年近古稀,可充满活力(我见他每天晒朋友圈,一跑十几公里),俨然又是一位汪曾祺研究的"新秀"。说起汪先生,他有说不完的话题,又有无穷的兴致。

放下电话,我不敢怠慢了,重又将姚先生的书稿拾起来,认真去看。一看,果然。真的是得到许多新的收获。

我虽说是个汪迷,还是个资深汪迷——可以说,汪迷这个词,大抵、大约、大概齐是从我身上发生开去的。记得第一次大规模的汪先生纪念活动,应该是汪先生去世十周年的时候,众多名家、学者齐聚高邮,而且大部分都与汪先生生前有过接触,或者说要好的朋友,众人七嘴八舌,说着笑着,生生把汪先生的纪念会开成了茶话会,高洪波、邵燕祥、张守仁、潘凯雄、陆建华、王干、汪家三兄妹……大家说说笑笑,说了许多汪先生生前的段子,邵先生自称自己也是一个"汪迷",是个"老汪迷",还对我说:"汪迷"的"格"要比"张迷"(张爱玲)高,并小声对我说,"不能让'张迷'知道,否则会打死我的"。张守仁先生当年也近"小八十",也自称"汪迷"。高洪波、潘凯雄、王干等,更不在话下。对我这个"未名"汪迷,他们既惊奇又褒奖有加,认为我是"真迷"。记得有一次白烨先生说,苏北这个外省青年,写出这么一本书(他是指《忆·读汪曾祺》),我们在北京,天时地利人和,却反而没有能用心写这一本书。他同样表示了他的惊奇。——对汪先生书中的许多故事,也不能明白,特别是汪先生书中的许多地名,如:臭河边、越塘、螺蛳坝、庵赵庄、阴城、半边桥、承天寺、天王巷、一人巷……我虽都知道名字,却道不出在高邮的方位,更没有具体的质感。而姚先生真的是天时地利,他土生土长在高邮,又是在东大街上,生于1950年,虽说比汪先生晚生了三十年,但那时社会经济发展慢,旧的时代的基本面貌还大致不离的,故此姚先生能够保存较为清晰的高邮风貌、人物和街景,因此他看汪先生写高邮的作品,要比别人能够多一份别样之情,也更为亲切,感觉也更加强烈。

姚先生此集收文57篇,均涉及汪先生写过的人事、风土和故事。我认真拜读了其中的若干篇什,使我对过去读过的汪先生小说、散文中的故事、故人、故物,又多了许多新的认识。它其实是一本汪曾祺故乡小说、散文的导读图谱,能使你加深对汪先生作品的阅读理解:《寻找庵赵庄》《阴城》《半边桥边墨香浓》《水做的高邮》《天王寺的变迁》《炼阳观与炼阳巷》《臭河边》《高雪:姑母的继母》《汪曾祺与汪曾祥》《汪曾祺姊妹弟兄知多少》《汪氏三代与铁桥》《汪曾祺的江阴情愫》等等。这些文字读后,你再去重新阅读汪曾祺的那些美文,你会有别一种的亲切和理解,你也会豁然开朗,觉得汪曾祺这些作品中的文字,似乎好理解了些,因为你的心中多了一个定位,对汪先生笔下的那些人物、那些地名、那些风物……不再那么陌生,也不再那么遥远。这时你对汪老头的文字,会多出一种更为亲切的感觉,那些人、地和物,仿佛已和你很是亲近了,你会扫除阅读中的一些不必要的障碍,更用心于汪先生为你营造的那一种别样的气氛和韵味了。

比如有关天王寺,维儒先生这样介绍:

> 汪曾祺的家距离天王寺不远,出竺家巷到臭河边,向西就能看到天王寺。他每天去第五小学上学也途经这里,所以对天王寺及其关联的事熟烂于心。汪曾祺在《我的父亲》《我的家乡》《陈小手》等多篇文章中都提及到天王寺。

比如他对臭河边的考证:

> 臭水河,是城北一带居民的主要生活水源,吃水、洗菜、洗衣服全靠它。明明是清澈的活水,为什么叫臭水河呢?无从考证,据说是"八仙"之一的铁拐李到道阳观造访吕洞宾时曾在此洗过烂脚,把河水洗臭了,臭河边因此而得名。

这些都为阅读汪曾祺有关故乡的作品，拓宽了文学视野。维儒先生写作这本书的初心也在此。他在给我的短信中说："我是想结合现实生活状况，让汪先生笔下的高邮旧生活场景有所再现，让东大街的市井风情得以延伸。虽说几十年来许多事物已物是人非，然东大街还基本保持着原貌，汪老笔下的人、事、物还活生生地存在着。我所写的这些文字，就是想让喜欢汪曾祺的读者，在追寻他的路上，多一点引导和启发。"

维儒先生的这番话，诚者，斯言。作为一个资深"汪迷"，我在阅读这本书时，也仍然会有不时的惊喜，也多有收获。这些，我们都得感谢这位有心人。谢谢您，姚维儒先生！

是为序。

2019 年 5 月 24 日

后　记

　　因为要对书稿做一些校改，用一周时间，将书稿从头至尾通看了一遍。书稿编成，因是自己的东西，弄久了，自己麻木了，就不想再看。这次是无可奈何，硬着头皮看下去。不看不打紧，一遍看下来，心里还是有所感受的。

　　这一本书，所收文章大多是近几年所写，有些是约稿，有些是因为汪先生的纪念活动需要，七七八八，几年下来，还是写了不少。我写汪曾祺，也有二三十年时间了。可以说，写了大量的稿件，在港澳地区、在海峡两岸，包括《联合报》《大公报》《读书》《散文》《光明日报》《文汇报》等，写了有近百篇，影响肯定是有些的。但我之所写，都是一些随笔式的、回忆性的，理论性不强，观点也并非独特，不能给读者以很大的冲击。这一册书稿，我凝神看下来，还是有所感受的，其中有些篇什，我自认为是有所见解。汪曾祺去世这么多年来，研究者众，也各有观点，但真正把汪曾祺说出个一二三来的，不多。更是没有将汪曾祺的笔墨精神传承下来的

人。我自己多年前倒是写小说，也写了几十万字。可这一二十年，几乎没有小说文字，我虽然对汪先生的文本也进行了越来越多的分析，仿佛弄懂了汪先生似的，可自己一弄，满不是那么一回事，而且有渐行渐远的趋势。以自己的研究观之，多数研究者，徒有纸上谈兵之功，而无实战之能。

文学真是个怪东西，聪明者研究起别人的文学来，头头是道，恨不得将别人大卸八块，再重新组装一遍，以示自己的理论和见解的超群，而若要其弄一个，则无论如何妙不起来，更遑论其文学之趣味。这真是一个文学研究之悖论。

这一册书我有所感受的是，与我之前的作品（包括《忆·读汪曾祺》和《汪曾祺闲话》）比，还是多少有些新鲜观点和见解的。这些观点和见解，于别人也许稀松平常，但对我还是有所体悟，这些都体现在《汪曾祺是现代的》《在诗性与民间性之间》和《今天我们读汪曾祺读什么？》等诸文中。现在看来，汪曾祺作品的迷人，或者说，汪曾祺迷人的奥妙之处，应该说是体现在他的现代性、诗性和民间性之间的（此结论的得出是我自己多年的阅读和思考的结果，不是在哪位学者书里看来的）。他不像有的作家，侧重其一，汪先生是三者兼而得之，且融合在雅化的母语之中，浑然一体，不着痕迹。妙在一池静水，波光涟漪，竟于天成，真的给人有"万古虚空，一朝风月"之感。

这一集里的《汪曾祺的书房及其他》一文中，我开列的汪曾祺书橱里藏书的书单，可以说是我首次向世人公布，这非常有意义。对于喜欢汪曾祺的人，这不能不说是一份特别的礼物。我还可以保证地说，这份书单是原汁原味的，没有半分的妄言，而且现在汪曾祺的旧居已经清理，他的部分藏书已捐给家乡高邮，你再想去整理这份书单，已经是不可能的了。也可以说，这一份书单，是绝版的。遗憾的是，我当时并没有想整理这份书单的初衷，只是那年酒后（还有点喝大了）与汪朗兄等到汪先生过去的书房坐坐，大家散坐聊天，我出于对这些书橱的熟悉（汪先生在世时，我们经常在这个书房里坐），生出感情，就用相机给拍了出来，可惜当时有些是隔着玻璃拍的，又是随意去拍，有许多书没有拍出清晰的图像，不能开列出来，因此这个书单还是遗漏了一些书的。好在绝大部分被我整理出来。虽略有遗憾，然也不足惜也。

  书中有关汪曾祺早期一些细节的收集、整理，也有几则甚妙，殊为难得。比如汪先生初恋女友之发现、张家口的语出惊人、20世纪70年代大热天袒腹于床灯管坠落而处之泰然之状（颇有王羲之之坦腹东床之趣）等等，这些细节采撷之难，而得之偶然，其中快乐，也不足以与外人道也。

  晚近些的，也有二则甚为难得。一个是先生曾对其外甥说，如果我们高邮过去旧宅，政府能退还一二，院子里千万不要都铺上水泥，留出一半，围个篱笆，里面多种些菊花，夏天可以放一张小桌，在院中喝它两杯。

  再一个是，20世纪80年代，汪先生回高邮，与一位乡贤聊天，忽然就聊到了王蒙先生，汪先生说，王蒙讲话，即如

"两只仙鹤打架,绕脖子"。哈哈,这真是一个绝妙的比喻。叫人怎么说呢,就仿佛是一个"美"。

这些细节的重要,即如人之毛细血管,看似微不足道,而正是这些细节,道出了一个人的性情、趣味、学养和人生态度。

集中的一些短文,也有些许可观之处。《梦见汪曾祺先生》《三个小汪迷》等,也都清新可爱,颇有拟汪先生之笔意,虽不能至,然努力之。

以上之论,颇有点王婆卖瓜,可总归是自己的孩子,打也不会下重手的。我之学识之浅薄,还是能够自知的。这些文字,也是尽自己之力而为之吧,偏见、疏漏和不足,必然多多,还请各位汪曾祺研究专家、学者和读者朋友予以批评、指正。

是为后记。

苏北

2021 年 3 月 31 日